# 關鍵年代的教育
## *Education in the Critical Era*

中國教育學會◎主編

# 比較教育叢書總序

　　比較是一種普遍的心靈活動，任何具有進步意識的人，或多或少都會今與昔比，己與彼比，以為自己在時空交織而成的歷史情境中，找尋合宜的安身立命之所。今與昔比事實上就構成了歷史層面的比較，己與彼比包括的不只是人與人之間的比較，也擴及於地區之間、國家之間，甚至於文化之間的比較。就歷史層面之比較而言，孔子從「周因於殷禮，殷因於夏禮」而推論出「其後百世可知也」，可以說是從歷史比較中，推演出人類典章制度之發展法則。就空間之比較而言，春秋時代吳公子季札從各國音樂風格之不同，而評析各國政教得失，可以說是不同文化風格之比較。

　　比較雖為普遍的人類心靈活動，不過把比較提升到科學方法層次卻是十八世紀末葉的事。十八世紀以降，承襲啟蒙運動探索可靠科學知識之訴求，各種學術研究領域也有導向科學化的要求。比較被認為是建立客觀有效科學知識的方法，解剖學、語言學、法學與宗教學等均曾試圖以比較方法來建立其本身的科學知識體系。教育研究也在這種學術氣氛下，將比較提升到科學方法層次，試圖透過比較來建立嚴謹的教育科學。比較教育之父朱利安 (Marc-Antoine Jullien de Paris, 1775-1848) 在一八一六至一八一七年刊行的「關於比較教育工作的計畫與初步意見」 (Esquisse et vues préliminaires d'un Ouvrage sur l'éducation comparée) 中就指出：「比較解剖學已經促進了解剖學的進展，同樣的比較教育研究也可提供新方法，以導使教育科學趨於完美。」比較方法之運用即在於導引出真正的法則，使得教育能夠建立成為實證科學。

一旦真正教育發展法則確立，朱利安認爲便可據以爲進行本國教育改革之參照。十九世紀的重要比較教育學者如法國的庫辛（Victor Cousin）、英國的安諾德（Matthew Arnold）與美國的曼恩（Horace Mann）等咸認稍作修正而移植他國的制度是可能的，因爲其基本信念以爲教育通則既適用於各個民族與國家，其他國家的教育改革經驗亦因而可以運用於本國的教育改革。

　　一九〇〇年英國薩德勒（Michael Sadler）首先質疑教育制度移植的可能性，他認爲學校之外的事務較之學校之內的事務來得重要，學校之外的事務主宰並詮釋學校之內的事務。質言之，教育制度植根於民族文化，不可能作橫的移植。自是而後，比較教育開展了教育的民族性、因素分析、文化形式、影響因素與動力等的研究，一九三〇年代以迄於一九六〇年代的比較教育大家如康德爾（I. L. Kandel）、韓斯（N.Hans）、許耐德（F. Schneider）和馬霖森（V.Mallinson）等均進一步的開展薩德勒的基本觀點，透過比較研究探討教育現象與社會及文化現象之間的基本關係。

　　對於教育制度與社會文化之間基本關係之探討，一九六〇年代以降比較教育中的實徵論者嘗試以自然科學中的因果法則來加以分析。尤有甚者，過去以國家教育制度爲主要分析單位，徹底的實徵論者將制度肢解爲變項（variables）來處理。這種論述的方式，也遭致詮釋學、批判理論、現象學、俗民方法論等研究取向之批判。這些論爭的背後，隱含著一個比較教育的一個危機──比較教育在學術體系中地位不明確，無法確立自己本身的學科認同（disciplinaryidentity）。

　　不管比較教育研究的理論與方法有多紛歧，比較教育從朱利安以迄於當代的主要理論，均有一種改良主義的企圖。比較教育研究雖有建立解釋教育發展之理論知識之意圖，然最終終將研究成果轉而爲教育改革的政策。晚近世界各國教育改革均極重視比較教育研

究，試圖借助於比較教育研究的成果，來釐定高瞻遠矚，而又具體可行之教育改革政策。

　　本叢書的編纂主要針對比較教育兩個發展主軸：理論知識的建構與教育決策的形成。本叢書的理論系列部分將以深入淺出的文字對比較教育中的重要理論，加以闡釋，使讀者對於比較教育這門學科的發展有通盤的瞭解。另外，本叢書也將對世界主要國家的最新教育發展動態，進行分析，使讀者能夠掌握世界性的教育改革動態，而認清我國當前教育改革之定位。因此，本叢書不僅可以提供專門研習教育者作為基本讀物，對於關心我國教育改革前途者亦極具參考價值。


　　　　　　　　　　　　　楊深坑　謹識

# 序

　　二十一世紀即將來臨，它將是一個充滿希望的世紀，也將是一個充滿挑戰的世紀。教育是人類實現希望的最佳手段，我國教育如何面對新世紀的挑戰，關係著未來的社會發展與民眾福祉甚鉅。因此對教育而言，新世紀是一個新關鍵的年代，關係著我國下一世紀能否順利完成其承先啓後的神聖使命。

　　有鑑於教育對新世紀發展的重要性，我國近幾年來即戮力於教育的改革工作。先有教育部於民國八十四年研定「中華民國教育報告書——邁向二十一世紀的教育遠景」，後有行政院教育改革審議委員會於民國八十五年提出「教育改革總諮議報告書」。前者提出十個改革方向，分別爲強調前瞻發展、促進機會均等、重視人文精神、提升專業素養、追求民主開放、邁向自由多元、推動自主自律、採行分權分責、鼓勵全民參與、力求精益求精。後者提出五項綜合教改建議，即教育鬆綁、帶好每位學生、暢通升學管道、提升教育品質、建立終身學習社會。這些教改藍圖的落實，有賴於新世紀的努力執行。其次，二十一世紀的社會、政治、經濟、文化情勢都將有重大的變遷，上述的教改藍圖必須不斷地修正與充實，教育才能完成其新世紀的關鍵任務。中國教育學會有鑑於教育對新世紀發展的關鍵性，故以「關鍵年代的教育」爲今年年刊之名，邀請專家學者就教育改革相關議題撰文，以供今後推動教育革新之參考，俾爲新世紀的教育改革與發展盡一份心力。

　　本書的內容相當多元，對我國教育發展的現況與展望做深入的論述，有鉅觀的分析，亦有微觀的討論。各篇作者分析與論述的角

度，有哲學的思辨與論證，史學的透視與展現，政策與行政的科學分析，亦有教學實務、教育科技與倫理問題的剖析，篇篇莫不取精用宏，鉤玄提要，非常有閱讀與參考的價值。在此謹向各篇執筆者表示敬佩之忱。當然本刊得以順利出版，本會梁秘書長恆正的辛勤策劃與方鉅川秘書的多方聯繫，厥功最鉅，一併在此致謝。

呂溪木　謹識

民國八十七年十一月

# 目　錄

# 作者簡介

楊國賜：教育部常務次長

周愚文：國立臺灣師範大學教育學系教授

溫明麗：國立臺灣師範大學教育學系教授

高強華：國立臺灣師範大學教育學系教授

沈　六：國立臺灣師範大學公民訓育學系教授

張明輝：國立臺灣師範大學教育學系副教授

王煥琛：國立政治大學教育學系教授

單文經：國立臺灣師範大學教育學系教授

楊惠琴：國立成功大學教育研究所副教授

# 當前教育政策的方向與推動策略

楊國賜

## 壹、前言

　　現代世界各國為促進政治的革新，經濟的成長，社會的繁榮，以及文化的創新，莫不積極推動教育的發展。而教育事業的推展，往往要根據其國家建設的理想來訂定教育發展目標，再根據教育目標來訂教育政策，以便實施，冀收宏效。

　　近年來，面對社會變遷的加速，政治的開放民主，經濟的迅速成長，產業結構的改變，以及價值觀念多元化的衝擊，教育的承傳功能與主導地位也面臨了新的挑戰，必須加快改革的步調，以因應當前與未來社會發展的需要。邇來，社會大眾普遍期望政府求新求變的呼聲，愈益顯得殷切。因此，教育主管當局應以主動、積極、創新的精神，作前瞻性的規劃，走在時代的前端來領導潮流的方向，洞察社會的需求，培育具有現代高品質的人力資源，以邁向二十一世紀的現代化國家。

　　教育發展為國家全面現代化中最重要的一環，亦為促進現代化的主要動力之一。所以，教育發展在現代化過程中，經常扮演相當重要的角色，不僅要培養各級各類的優秀人才，從事各項國家建設工作，領導科學技術的發展和學術的研究，而且還要擔負轉移社會

風氣，建立社會良好的規範。尤其是，教育發展應能進一步促成政治的民主和穩定，協助經濟成長，形成社會流動，並能導引文化的創新和進步。

## 貳、配合國家建設的教育政策規劃

為因應新社會的來臨，開拓新世紀的美景，我國今後教育的發展宜作適切調整與前瞻規劃，尋求新的突破，以滿足多元化社會發展的需求。「建設現代化國家」為當前政府施政的總目標。政治民主、經濟成長、科技發達、教育普及、文化創新、社會進步，皆為現代化的正確方向。因此，教育發展工作必須是全面的、前瞻的、持續的、均衡的齊頭並進，穩健的推動教育改革，力求教育精進，開拓教育的新境界。

美國學者柯爾曼 (James S. Coleman) 曾說：「教育是開啟通往現代化道路大門的鑰匙」。教育的現代化乃是配合國家社會的需要，產生許多新的措施，使教育事業在國家建設的過程中，發揮積極的觸媒作用，進而加速推動國家的進步與社會的發展。

其實，政策乃是執行行動的指引。而教育政策，就是達成教育目標的策略或手段，完成國家教育任務的指南，同時也是為實現教育理想的方法。因此，教育政策的訂定，須依據國家的教育目標，合乎本國的傳統文化，配合社會發展的事實，順應世界教育思潮的趨勢，體察當前國家的需要，考慮客觀環境的條件，研擬具體可行的措施，以期實現教育目標。尤其是，教育政策有其時間性，用以達成某一時期的教育任務，俟其任務達成之後，為求達成另一任務，則又有新的教育政策之頒行。

我們知道教育問題，錯綜複雜，經緯萬端，如欲改革更新，自

應就主觀的需求，配合客觀的環境，妥加規劃，始能有效的推展教育事業。然而，要建設現代化國家，必須從振興教育著手。經由教育的有效發展，為國家作育英才，為社會培育中堅，國家建設才會有鞏固的基礎。當前政府的國家現代化架構，是具有宏觀的視野，人文關懷的胸襟。因此，新世紀教育政策的規劃，尤應優先考慮配合國家建設的目標，其理想的方向可由下列三個途徑來探求：

## 一、要建設成為一個自由、平等、民主的多元社會

現代的民主思想，從承認個人的價值與尊嚴出發，肯定教育權為一種人權；務使個人德、智、體、群、美各方面均獲有充分發展的機會，不容以任何外在的理由，加以抑制。而邁向自由多元的社會，乃是必然的趨勢。

事實上，「自由」是尊重市場調節機能，減少不必要的干預。「多元」是提供多種不同方式以供選擇。「自由」與「多元」是現代教育的趨勢。許多教育政策在此理念的衝擊下，孕育而生。同時，提供多元進步的價值觀念，使國人賦有前瞻包容的胸襟，以消弭主觀本位的偏見，減少不必的社會對立，促進社會的和諧進步。因此，加強民主法治教育，建立國民正確的民主觀念，培養民主的態度與精神，守法負責的習慣，以培育具有民主素養的現代化國民。

## 二、要建設成為一個富有創造力的科技社會

科技是帶動國家建設的火車頭，二十一世紀競爭致勝的關鍵在於一國科技的水準。因此，提升科技能力乃是國家提升競爭力的重要關鍵因素。哈佛大學波特（M. Porter）教授在其鉅著《國家競爭優勢》（*The Competitive Advantage of Nations*）書中指出，

在全球競爭激烈的世界，傳統的天然資源與資本不再是經濟優勢的主要因素，新知識的創造與運用更爲重要。麻省理工學院（MIT）教授梭羅（L. Thurow）在其名著《世紀之爭》（*Head to Head*）及《資本主義的未來》（*The Future of Capitalist*）均指出，「科技」是人造的競爭優勢，是下一世紀國家競爭力的基礎。因此，推動科技教育，培育科技人才，以配合國家建設的需要。同時要充實各級學校科學儀器設備，研究課程教材的改進，提高國民科學知識水準，以養成具有科學素養的現代國民。

## 三、要建設成為一個「富而好禮」的社會

二十一世紀將是科技的新世紀，可能導致現代人心靈趨於標準化與刻板化，有必要及早採取適當的因應措施。面對未來社會所需培養的人才，就是要具備人文素養，有品德、有品質、有品味的好國民。任何的教育興革都應朝此方向規劃，才能培養獨立自主的人格，引導人類走向「精神自由」與「思想創造」的生活方式。因此，加強人文精神的陶冶，推廣藝文活動，增進人性尊嚴，倡導高尚休閒文化，更應促進人文與科技平衡發展，培養通識人才，提升文化素養，方能建設一個「富而好禮」的社會。

從上所述，足見教育政策的前瞻規劃，對未來教育的發展有重大的影響，尤其在全方位現代化的目標指引下，面對跨國競爭的二十一世紀——高資訊、高科技、高人文關懷的社會，如何反映新時代的特質，建構適合國情的現代化教育制度和學習社會，提高教育品質，培育優秀的現代國民，將是國家承傳啓新，提升國家競爭力的基本動力。因此，今後在教育政策規劃作爲上，更應力求精進，憑藉有效政策規劃，指引教育工作邁向更美好的新境界。

# 叁、教育政策規劃的方向與目標

　　世界先進國家，近十年來因受到社會快速變遷的影響，各國政府紛紛提出教育革新的主張，大體而言，不外乎在追求「卓越」（excellence）、「效率」（efficiency）以及「公平」（equity），亦即所謂的「三E」主張。事實上，自一九八〇年以來的教育發展，其焦點在期望追求卓越、提升效率以及均等發展的教育機會，更是各國教育界人士努力的鵠的。要之，各先進國家認為現代的學位制度、教師角色、課程與教學方法均應重新加以調整和改變，期能適應未來新世紀的需要。

　　當前我國正處於一個急速轉型的社會中，學校教育往往呈現著與「社會──經濟」結構脫節的現象，以致產生各種教育問題。尤其現行的教育制度和教育設施，已難以適應此劇烈變動社會的需要。更遺憾的是，如今尚未有一套符合國人的思想文化，適合國人的生活方式，更能迎合我國未來社會發展的教育發展模式。於是革新教育，提升品質，追求卓越的呼聲，甚囂塵上。李總統登輝先生曾於民國七十六年底應邀在全國教育學術團體聯合年會中，以「邁向教育的新紀元」為題發表專題講演時，指出未來教育發展有四個主要取向，即「精緻化、國際化、均等化和未來化」。李總統特別強調「促進教育的精緻化發展」應是當前教育發展的首要任務。而「追求卓越」尤為現代化社會的重要指標。民國八十三年六月中，教育部在台北國際會議中心召開第七次全國教育會議，其主題為「推動多元教育，提升教育品質，開創美好教育遠景」，即在描繪邁向二十一世紀教育發展遠景和藍圖。民國八十五年十一月行政院教育改革審議委員會提出「教育改革總諮議報告書」中，也提出教

育現代化的方向，亦可視爲當前我國教育政策規劃應考慮的方向。茲分別說明如下：

1.人本化：全人發展，實現自我。人本化的教育是全人教育，強調培育學習者的健全思想、情操及知能，使其能充分發展潛能，實現自我。

2.民主化：民主參與，守法樂群。民主化能建立教育的自主性，創造更多自由選擇機會。但國民的社會責任感；守法精神及基本選擇能力，仍應透過教育過程加以提升。

3.多元化：多姿多樣，活潑創新。多元化要尊重社會上的少數或弱勢族群，提供適才適性的教育。尤應重視普及教育的提升，使每個人能從自己基礎上，發揮潛能，追求卓越。

4.科技化：知識普及，能力導向。科技化要普及科技知識，推廣科學精神，並要培養各種「關鍵能力」與解決問題的能力。

5.國際化：立足本土，胸懷世界。教育國際化應促使國民理解，欣賞各種文化與族群的傳統，也要發揮本土文化的優點，建立對本土的熱愛與珍惜，進而將本土的優良文化推廣至世界各地。

其次，在現代化過程中，教育發展不僅要培養各級各類的優秀人才，從事各項國家建設，領導科技的發展與學術研究，而且還要擔負轉移社會風氣，建立社會良好規範的責任。至於教育發展的政策目標，有下列四項：

1.培育高素質的各類人才：教育的現代化不僅要培育供應國家建設高素質的各類人才，而且更有促使提高現代化品質的責任。因此，要培養學生能有效適應現代生活及促進社會良性發展的能力，包括具備基本知能、能自我瞭解、自律、有良好品味及修身學習意

願，善與他人相處及克盡公民職責，且具有地球村意識。

2.滿足個人與社會需求：教育除要配合國家的人力規劃，培養學生的就業能力，以促進社會的發展外，尚應兼顧學生的個人需求，使每個學生有機會發揮自己的潛能。

3.邁向終身學習的社會：爲了適應未來劇烈變遷社會的環境，必須建立終身教育體系，整合家庭、學校及世界的教育資源，使人人終身均有學習的機會，亦即能活到老學到老。

4.促成教育體系的改造：要發展教育，須先解除對教育的不必要管制，走向民主化及多元化，因此對教育體系應做全面性的診斷，藉以全面改造，使學制、課程、教學、師資及行政各方面都能獲得改善，發揮整體效用。這種發展乃是永續性的。


李總統對於當前教育改革與發展期許甚深，特別提示：這次教育改革應致力於「建構適合國情的現代化教育制度」，其目標在於提高教育品質，培育優秀的現代國民，提升國家競爭力，締造精神文化與物質文明均衡發展的現代化國家。

從上所述，可知當前教育政策的規劃方向與目標，係針對政治的革新、經濟的成長、科技的發展，社會的進步、人文的關懷、文化的提升，以及地球村公民的能力等因素，加以系統的規劃，研擬具體可行的策略，以彰顯教育的整體功能。我們深信，唯有經由教育的有效發展，國民的能力素質和生活品質才能改善，國家競爭力才能提升，社會才能和諧，國家現代化的建設工作才能完成。

# 肆、當前教育政策的推動策略

因應社會急速變遷與面對二十一世紀的挑戰，我國教育工作亟需有新的突破，並做適切調整與前瞻規劃，使今後教育的發展，能適應多元社會發展的需求，以促進國家建設的現代化。同時，為期有效而徹底地發揮教育的功能，我們亦須以漸進的方式，主動積極的規劃，穩健推動教育改革，力求教育之精進與發展，開拓教育的新境界。爰參酌歐美先進國家教育的改革動向，行政院教育改革總諮議報告書，教育部的中華民國教育報告書以及教育改革行動方案等加以歸納，並增補個人拙見，而提出較為符合二十一世紀國家發展的教育制度，作為我國教育改革的參考。

## 一、推動終身教育，建立學習社會

面對快速變遷的新世紀，世界進步國家均因資訊時代的來臨，國際化趨勢的形成，科技知識的持續爆增，及富裕社會後對人文關懷的亟待加強，而紛紛倡議建立「學習社會」，幾乎已成為開發國家跨世紀教育發展共同的核心。為使我國社會早日邁向學習社會，以協助國民成長，促進社會發展，提升國家競爭力，教育部已將民國八十七年定為「終身學習年」，並於二月十八日發表「邁向學習社會」白皮書，目前正循全面整合終身學習、研究試辦發行終身學習卡（護照）、放寬入學管道與調整課程教學、推動企業內學習組織、結合圖書館推動讀書會活動、建立回流教育制度、普設終身學習場所、推廣全民學習外語、建立公務人力學習型組織、推展矯正機構內學習型組織、推展學習型家庭、推展學習型社區、研訂終身

教育法、研究建立成就知能的證照制度等十四項方案，逐年實施。

## 二、改革聯考制度，實施多元入學方案

　　為徹底解決導致學習偏失的聯考制度，貫徹正常教學，紓解升學壓力，同時為了建立回流教育制度，提供成人第二次教育機會，傳統以考試為主的入學方式，顯然已無法適應學生多元化的特性與需求。因此，為邁向終身學習社會，各級學校入學管道勢須放寬，尤其須向社會中的成人開放，而入學方式也亟待改進。

　　有鑑於此，教育部已於五月宣示在九十一學年度廢除傳統高中聯招考試，改以國民中學基本學力測驗取代，並結合推薦甄選、保送、直升、自願就學方案、申請入學等，共同建構高級中學多元入學方案。同時，大學招生策進會正規劃考慮於九十一學年度實施「考招分離制」；技專校院也正計畫實施。至於為落實回流教育的推動，成人繼續教育的入學方式，更將趨於多元，並承認其工作經驗。其他如：規劃預修甄試、開放進修及推廣教育學分入學管道、增闢職業證照學力鑑定入學等入學管道。

## 三、建立前瞻、多元、彈性的教育制度

　　為因應邁向二十一世紀終身學習的社會，整個教育制度在終身教育的原則下，無論教育目標、課程、內容、教學方法、入學方式、評量等均應重行思考與安排，重新建立聯繫體系，方能相互連貫銜接，形成統整的有機體系。因此，教育當局應積極檢討現有法規，予以適度鬆綁，建立多元、彈性、開放的教育制度。其中私人興學的大幅開放，成為明顯的發展趨勢。同時，經由制度的規劃，使普通教育、技職教育、回流教育三種管道暢通，並建構各種互通的交

流道，據以形成四通八達的學習網路，提供國人多元、彈性的學習體制。

此外，教育部也正積極研擬社區學院相關法規，以為設置社區學院的法源依據。社區學院是高等教育的一環，具有提供國民繼續進修教育，培養技術與職業專業知能，促進國民終身學習，從事社區服務，提升社區文化水準等多元的功能。它是與社區結合，且能滿足國民學習期望的前瞻教育制度。

## 四、徹底改進課程、教學方法及評量，提升國民教育品質

學校教育是整體教育體系中最重要的一環，而國民教育更是培養國民基本生活知能，以利繼續學習的重要歷程。因此，國民教育的成敗，攸關國民基本素質的良窳。全面提升國民教育品質，除兼顧軟硬體教育措施的整體改善外，尤須繼續課程、教育方法及教學評量三者加以改進。

在課程的革新方面，據悉教育部已規劃九年一貫課程綱要，目的在培養現代國民所需的十項基本能力。包括：瞭解自我與發展潛能、主動探索與研究、溝通表達與分享、欣賞審美與創新、獨立思考與解決問題、尊重關懷與團隊合作，應用科技與資訊，做事與服務社會、文化學習與國際理解、生涯規劃與終身學習。同時規劃七大學習領域，從「人與自己」、「人與社會」、「人與自然」等三個面向，提供健康與體能、語文、人文素養與藝術、社會、數學、自然與科技、綜合活動等七大學習領域，並朝學科整合，賦予學校建構課程教材內容的彈性空間。

在教學方法的改進方面，配合降低國民中小學班級學生人數計畫，自八十七學年度起實施「推動小班教學精神發展計畫」，依據「多元化、個別化、適性化」的教學原則，輔導教師改變傳統教學

觀念與方式，以滿足學生個別學習需求。

　　至於教學評量的功能，則在瞭解學生學習的能力和成果，過去評量功能被窄化並淪為升學選才的工具，導致學生無法適性發展。教育當局為因應高級中等學校入學方式的變革，已委請學術機構發展比聯招更公平的國民中學基本學力測驗，預計在民國九十年取代傳統聯招考試，期以具科學性、公平性、教育性的評量方式，引導國民教育正常化教學。

## 五、適度擴充教育數量，建立回流教育制度

　　邁向新世紀的教育政策規劃，將在已有的基礎上，繼續在正規教育體系適度地擴充國民教育的機會；並經由回流教育的推動，提供國民更彈性、多元且寬廣的學習管道。預計至九十學年度（公元二○○一年），五歲幼兒入園率達80%以上；國民教育的在學率由目前的98.38%，趨近於100%；高中、高職由3.6：6.4調整為約5：5，提供國中畢業生更多就讀高中的機會；國中畢業生的升學率則達96%以上。

　　在高等教育方面，將在維持及提高水準的前提下，適度提高等教育人口占總人口的百分比，由目前的3.15%增加為3.35%，並朝向開發國家的相對比例來努力。未來在國民教育之上經由回流教育的推動，擴充高中、高職、五專畢業生的升學進修機會，使每一個人不一定要以坐「直達車」的方式完成學校教育，可以在任何階段，工作一段時間後，重回學校再學習。

　　為推動回流教育，教育當局已提出「建立高等及技職教育回流教育體系實施方案」，計畫透過擴大研究所在職進修管道，使研究所正規班與回流教育研究生人數約達1：1的比例；並使大專校院提供充分回流教育機會，使個人在工作數年後有意繼續接受高等教育

者，都有機會再進修學習。

## 六、健全師資培育制度，提高師資素質

當前各國師資培育，均以提高師資素質作爲改革重點。同時，各國師資培育也逐漸走向開放政策。尤其爲配合提高教育素質和教師專業標準，均要求建立在職進修教育制度。目前我國已實施師資培育管道多元化的措施；同時教育部也已規劃完成建立教師終身進修制度，將以建立教師終身進修法制，整合教師進修組織，進修途徑，以增進教師的專業知能與服務熱忱，進而提升教育品質。同時，教育部亦將推動「建立教學、訓導、輔導三合一輔導新體制」，實施教師責任制，提升教師輔導知能。

## 七、提升高等教育品質，強化國際競爭力

高等教育以培養國家高級人力爲要務，爲推動國家現代化的核心動力。教育部爲繼續提高大專院校的學術與專業水準，在增設科系方面，採取從嚴審核的政策。同時積極推動高等育的評鑑工作，以期發現目前高等教育的利弊得失，作爲提升高等教育水準的主要依據。同時，輔導各校建立教師聘任及教學評鑑制度，使教師在適度的壓力下提升專業素養。

此外，教育部正積極研訂「大學學術追求卓越發展計畫」，五年內編列一億元，提供及營造大學特色發展的環境，激勵大學競爭發展，使國內大學能依本身所具備之條件，選擇重點發展方向，營造自我特色，不斷追求卓越，以躋身國際一流學術水準。

## 八、重視弱勢族群教育，落實教育機會均等理想

我國憲法保障國民教育的機會一律平等，使每一位國民有機會接受適性教育，一直是教育當局一貫的政策。關於加強身心障礙學生教育方面，目前教育部正研擬「發展與改進特殊教育六年計畫」，期藉由健全特殊教育行政體制、加強特殊教育評鑑工作、強化多元安置設施、擴大特殊教育服務範圍、加強特殊教育教師陣容、提升特殊教育人力素質、加強鑑定安置輔導與相關專業服務、研發改進特教課程、強化教育計畫、加強職業與生涯規劃、加強親職教育落實家長參與、善用支援系統提供無障礙環境等多項措施，達到使身心障礙學生充分就學，接受適性教育，發展身心潛能之目標。

此外，為建立原住民教育體制，開展原住民教育特色，提升原住民品質，以邁向多元文化新紀元，教育部已制定「原住民教育法」，並經總統公布施行，是為原住民教育的法源基礎，可使原住民教育能在明確而有系統的法制下，整體規劃原住民教育各項措施，導引原住民教育朝前瞻性的方向發展，達成「維護並創新傳統文化，積極參與現代社會」的原住民教育目標。

## 伍、結語

當前我國教育政策的基本精神，係以終身教育的理念為「目標導向」，其目的不僅要培育具有現代化國家高品質的各類人才，且更具有促進提高現代化品質責任的國民。在策略上，對教育體系應做全面性的診斷，藉以全面改造，使學制、課程、教學及師資素質等各方面都能獲得改善；並經由整合家庭、學校、社會及世界的教

育資源，帶領國人力行終身學習，時時展現活力與創意，開拓人文與科技並重的高品質社會。

面對跨世紀的挑戰，提升國家競爭力的衝擊，教育當局應以最大的決心，隨時掌握國家建設目標，引導社會變遷，重視民眾意願，結合社會資源，並以整體性、前瞻性、連貫性，可行性等原則，策訂社會需要的教育政策，以迎頭趕上的精神，全國上下同心協力，共同為開創新世紀的教育願景，貢獻心力。

# 參考文獻

1. 行政院教育改革審議委員會，教育改革總諮議報告書，台北市，該會，民國八十五年。

2. Michael Porter著，李明軒、邱如美合譯，《國家競爭優勢》，台北市，天下文化出版社，民國八十五年。

3. 林清江，邁向新世紀的教育政策，中國國民黨中央常務委員會報告，民國八十七年九月二十三日。

4. 教育部，第七次全國教育會議實錄，台北市，該部，民國八十三年。

5. 教育部，中華民國教育報告——邁向二十一世紀的教育遠景，台北市，該部，民國八十四年。

6. 教育部，教育改革行動方案，台北市，該部，民國八十七年。

7. 楊國賜，《現代化教育革新》，台北市，師大書苑，民國八十四年，三版。

8. 楊國賜，《社會教育的理念》，台北市，師大書苑，民國八十四年，三版。

9. L. Thurow著，顧淑馨譯，《世紀之爭》，台北市，天下出版社，民國八十一年。

10. P. F. Drucker, *Post-Capitalist Society*. New York: Haper Business, 1993.

# 我國國家教育宗旨的回顧與前瞻
## ——（1906-1998）

周愚文

## 壹、前言

　　近年民間教改運動蓬勃發展，主要訴求之一即是訂定教育基本法，而法中要另定國家教育目的。暫且不論我國原有的宗旨是否妥當，有無修改必要，或以何種法律形式與程序制定，當前更應該討論的是：有無制定國家教育宗旨的必要？

　　「國家須先頒教育宗旨，才能釐定實施方針」① 的邏輯是否正確？或是應否允許某種教育理念、甚至是意識形態透過國家機器，成為全民共遵的官方目標？如果吾人不先釐清這些基本問題，可能只是排除原有的意識形態，代之以另一種新意識形態。並未還給教育人員專業自主權，也未給教育找到更好的方向。

　　針對此問題，本文擬從歷史敘述、國際比較及哲學分析三個角度進行探討，最後提出應行之道。在分析問題前，先界定何謂「國家教育宗旨」。依《教育百科辭典》「教育宗旨」條解釋為：國家辦教育的目的，一般稱為教育宗旨。②

# 貳、九十年來我國教育宗旨的演變與評析

　　我國首次訂定國家教育宗旨，始於清末，迄今逾九十年。除民國初期曾一度考慮應否訂定國家教育宗旨外，基本前提上，多已先肯定訂定國家教育宗旨的必要性。整體而言，我國教育宗旨，歷經五變：一是清末奏定教育宗旨，二是民元宗旨，三是民四宗旨，四是民十八宗旨，五是憲法第一五八條，茲分述如後：

## 一、歷史演變

### ㈠清末奏定教育宗旨

　　清光緒三十二年三月一日（一九〇六年三月二十五日）學部尙書榮慶奏請宣示教育宗旨，原因是學部初立，明頒教育宗旨，宣示天下，以一風氣，定人心。宗旨內容是忠君、尊孔、尙公、尙實、尙武等五項。前兩者是中國政教所固有，後三者則是中國民質所最缺，正可治私、弱、虛三大病。上諭，即照所奏各節，通令遵行。③

### ㈡民元教育宗旨

　　民國初立，民間即有學者陳請政府速立教育方針。陸費逵元月撰〈敬告國民教育總長〉文，建議教育應速辦事項，其中第一項即是速宣布教育方針，以爲教師施教、教科書編輯的依據。至於方針爲何，作者未提，但建議應由教育總長擇定後速頒。④

　　民國元年（一九一二）九月二日教育部公布教育宗旨爲：「注

重道德教育、以實利教育、軍國民教育輔之；更以美感教育完成其道德。」⑤此項教育宗旨，主要是出於當時臨時政府教育總長蔡元培的想法，然後經會議審議而成。為何要廢止清末奏定教育宗旨，而另定新旨，且重點在道德教育、實利教育、軍國民教育、美感教育等四項，依蔡氏二月發表的〈關於教育方針之意見〉文中所述可知，蔡氏以為：清末奏定的五項宗旨中，忠君與共和政體不合，尊孔與信教自由相違，可以不論。尚武即軍國民主義，尚實即實利主義，尚公雖與其所謂公民道德範圍廣狹不同，但仍可同意。而世界觀與美育，則為前者所未言故加之。⑥至於為何要強調此四項，他的解釋是，「軍國民教育」是「今日所不能不採者也」。按理專制時代教育隸屬於政治，共和時代教育於超乎政治。清末，教育家所倡而隸屬於政治者，是軍國民教育。而民國初，軍國民教育與社會主義並立，且其在他國已有道消之兆，但在中國卻不可棄，原因是強鄰交逼，亟圖自衛；又歷年所喪國權，非憑武力，勢難恢復；且軍人革命後，除非舉國皆兵，否則難必平均軍人成為特殊階級之弊。「實利教育」則是基於當時世界競爭，所憑不僅在武力，更在財力，故主張之，以人民生計為普通教育之中堅。以上兩項是強兵富國主義。「道德教育」是指公民道德之教育，雖非最終目的，但有利於大多數人類的現象世界幸福。至於實體世界的幸福，蔡氏反對以宗教謀之，而主張代之以世界觀之教育，並從美感教育入手。蔡氏所倡五項中，「軍國民教育」、「實利教育」、「道德教育」等三項是隸屬於政治之教育；「世界觀教育」及「美感教育」，則是超乎政治之教育。⑦由上所述可知，蔡氏所主張的教育宗旨，前三項針對當時的內外環境教育上所做的回應，後兩項則反映出蔡氏個人的哲學觀，並不能算是各界的共識。然蔡氏的想法，未立刻成為官方的主張。而是經過會議的討論與修正。同年七月，教育部於北京召開第一次中央臨時教育會議，十八日開始討論教育宗旨案，原案是：

「注重道德教育、以實利及武勇兩主義濟之；又以世界觀及美育養成高尚之風，以完成國民之道德。」除此案外另有三案一併付審。十九日審查結果是，形式方面原案納入國家主義案，內容方面以教育部案為準，遂決議注重道德教育、以國家為中心，而以實利教育與軍國民教育輔之。美育納入中、小學、師範學校教則內，世界觀主張則有所爭議未納入。⑧同月中蔡氏辭總長，由次長范源濂繼任。九月議案再經總長覆訂，略作變更後公布。⑨

### ㈢民四教育宗旨

　　民國四年（一九一五）元月二十二日大總統袁世凱頒布《教育綱要》，其中「申明教育宗旨，注重道德、實利、尚武，並運之以實用，以命令頒布。」說明中並指出，當時教育有不重道德、不重實利、無尚武精神、不切實用等四大缺失。前頒教育宗旨中，未標明實用主義。且令雖頒，國內並未奉行，故特下令頒布宗旨。⑩同年二月，復依據該綱要另頒「愛國、尚武、崇實、法孔孟、重自治、戒貪爭、戒躁進」七項為教育宗旨。⑪孫邦正以為：尚武、崇實與民元宗旨的「軍國民教育」、「實利教育」無別；愛國與清末奏定宗旨的忠君同義；重自治是要標榜立憲精神，以掩人耳目；戒貪爭、戒躁進則顯露其行帝制的野心。⑫雷國鼎以為：戒貪爭、戒躁進二項是針對當時反帝制的革命黨而發；法孔孟是中學為體的觀念；愛國、尚武為軍國民教育思想；重自治為民主主義思想，是西學為用之思想。⑬陳景磐則以為：愛國、尚武、崇實是要人民愛袁氏獨裁的國家，並具武與實的本領；法孔孟是為洪憲帝制做思想準備；後三條是為欺騙人民並防止人民反對其稱帝。⑭五年（一九一六）三月袁氏稱帝失敗後，九月國務院決議撤銷前頒《教育綱要》，新教育宗旨也一併失效。總之，教育宗旨是隨著政局的異動而更改。

之後，政局不穩，至民國十八年（一九二九）以前，北洋政府未再頒布教育宗旨。但此段期間，因歐戰結束，軍國民教育不合民本主義而為人詬病，遂引起民國八年（一九一九）新成立的教育部所屬教育調查會進行研究，檢討當時的教育宗旨，以符世界潮流。在該會第一次會議報告即提出「以養成健全人格，發展共和精神」為教育宗旨案。⑮同年十月，全國教育會聯合會第五次年會中，曾提出「請廢止教育宗旨，宣布教育本義」案，呈請教育部廢除教育宗旨，而以前述北京教育調查會所研究出的「以養成健全人格，發展共和精神」為教育本義。其理由是，所謂新教育的真義，不只是改革教育宗旨，廢除軍國主義，否則只是只知「應如何教人」，而非「人應如何教」；至於人應如何教，即是所謂兒童本位的教育。施教者不應為一種宗旨或主義所束縛。故對教育宗旨不必再研究修正或改革，應毅然廢止，代以教育本義。⑯惟其議未獲教育部採納。以上主張是有教育宗旨以來，首次提出完全廢除的相反意見，他們之所以如此主張，是受到「杜威所倡教育本身無目的說法」的影響。⑰之後，十五年（一九二六）中華教育改進社年會也曾議決教育宗旨案，但亦未獲教育部公布。⑱

### ㈣民十八教育宗旨

國民政府統一中國後，民國十八年（一九二九）四月二十六日國府公布《中華民國教育宗旨》，內容為：「中華民國之教育根據三民主義，以充實人民生活，扶植社會生存，發展國民生計，延續民族生命為目的，務期民族獨立，民權普遍，民生發展，以促進世界大同。」⑲至於該宗旨制定的程序，由於當時是以黨領政，因此才先經三月的中國國民黨第三次全國代表大會第十一次會議通過，再由國民政府公布。在該次大會討論本案前，十七年（一九二八）五月大學院召開第一次全國教會議，建議以「三民主義的教育」為

教育宗旨。七月，該黨中央訓練部向中央執行委員會常委會所提原案是：「中華民國之教育，以發揚民族精神，提高民權思想，增進民生幸福，促成世界大同爲宗旨。」後向中央執行委員會第五次全體大會提出的修正案爲：「中華民國之教育，以根據三民主義，發揚民族精神，實現民主生活，完成社會革命，而臻於世界大同爲宗旨。」其間另有國民政府大學院、于右任、經亨頤、蔡元培、陳果夫、中央執委會各部會秘書審查會等提出的對案或修正案。最後經討論修正後，才成爲現行的教育宗旨。[20]十八年的宗旨，或同時的各項草案，都是本於三民主義起草。劉眞以爲與以往宗旨比較，其特點是：有中心思想、有完整概念及有廣泛內容。[21]孫邦正分析其有根據建國理想、民族哲學、適合社會需要及有遠大理想等四項特點。[22]

## ㈤民三十六年憲法第一五八條

民國三十六年（一九四七）國民政府公布《中華民國憲法》，其中第一百五十八條規定：「教育文化，應發展國民之民族精神、自治精神、國民道德、健全體格、科學及生活智能。」[23]學界或謂相當於教育宗旨，[24]或謂雖非教育宗旨，但精神與前宗旨是一貫的。[25]此案源於二十五年（一九三六）五月五日國民政府公布的《中華民國憲法草案》（俗稱五五憲草），其中第七章第一百三十一條規定：「中華民國之教育宗旨，在發揚民族精神，培養國民道德，訓練自治能力，增進生活智能，以造成健全國民。」[26]三十五年（一九四六）制憲時，送審草案是將其與國民經濟合併納於基本國策章下，內容則修正爲「第一百四十三條　文化教育，應發展國民之民族精神、民主精神、國民道德、健全體格與科學智能。」案經第七審查委員會審查，一讀時修正爲「第一百五十三條　教育文化，應發展國民之民族精神、自治精神、國民道德、健全體格、科學及生

活智能。」㉗最後定案內容僅條次變更。孫亢曾以為：發展國民之民族精神與國民道德，實即為民族主義教育的重心；而發展國民之自治精神，是民權主義教育的重點；發展國民之健全體格、科學及生活智能，乃是民生主義教育的職責。㉘黃昆輝謂此條屬教育宗旨，在發揚三民主義精神。㉙如此一來，同時便出現兩種教育宗旨，雖然兩者基本精神一致，但內容仍有不同，十八年的宗旨是否仍有效，則是問題。結果教育部於四十一年（一九五二）六月以奉總統令，通令全國，民國十八年所頒布之中華民國教育宗旨，與憲法並無牴觸，不必更換。㉚之後，便持續實施迄今。其間部分學者也提出繼續有效的理由。如孫亢曾以為：「以其符合立國精神，而具崇高理想」，故一直未變更。㉛鄭世興則以為：「由於指導原則正確，理想遠大，步驟切實，而且高瞻遠矚，顧慮周到，以臻至善的境地，所以今日仍然沿用而未加以任何修改。」㉜然而依法言法，後法優於前法，且憲法高於法律及命令，十八年的宗旨理應失效；又若真有疑義，則應申請釋憲，豈可由總統頒令宣布有效，混淆體制。又民十八宗旨及憲法一五八條長期以來學者們的評價多屬正面。然解嚴以後批判黨化教育之聲起，這應是促成要另立基本法重訂教育目的的原因之一。㉝

## 二、綜合分析

以下分別從法律、理念、成效等三個角度分析之。

### ㈠法律角度

由於國家所頒教育宗旨在某種意義上，都應視為一國法令的一部分，具有一定的約束力與規範作用，因此以下將先從法的角度分析之。

首先，就制定的程序言，清末是由學部奏請皇帝下詔，民元是由教育部訂頒，民四是由大總統令頒，民十八則由國民黨起草、全國代表大會議決、國民政府訂頒，民三十六則是經國國民大會通過、國民政府公布。總之，在這五項宗旨中，前四種都只能算是在行政機關部門運作的結果，最後者則是經過民意機關的審議，較前四者符合民主精神與程序正義。但是，民三十六宗旨，在國民黨以黨領政的情況下，所謂民意機關審議，也只是附和行政機關的主張，不易真正反映多元的聲音。

其次，就法律的形式與位階言，在前述五種教育宗旨，呈現出多種不同的法律形式，有皇帝詔命、部令、總統令、國民政府令、憲法。而其法律位階，以今日觀點論之，則由行政命令到憲法等不同層次，其強制力也有別。詳（表一）。

表一　歷年教育宗旨法律分析表

| 宗旨名稱 | 法律形式 | 法律位階 |
|---|---|---|
| 清末教育宗旨 | 皇帝詔命 | 詔命 |
| 民元教育宗旨 | 教育部令 | 行政命令 |
| 民四教育宗旨 | 大總統令 | 行政命令 |
| 民十八教育宗旨 | 國民政府令 | 行政命令 |
| 民三十六憲法第一五八條 | 憲法 | 憲法 |

## ㈡理念角度

在我國歷年所頒的教育宗旨背後，究竟隱含何種政治理念或教育思想，是否具普遍妥當性值得分析。清末奏定宗旨中的五項內容，

含有中國傳統儒家思想、外國軍國民教育思想、實利主義與民主理念等成分。陳景磐以為該宗旨明顯反映當時「中學為體、西學為用」的教育方針。㉞民元宗旨,則有外國軍國民教育思想、唯心論、功利主義等色彩。民四宗旨,含有中國傳統儒家思想、外國軍國民教育思想、實利主義、實用主義與民主主義等成分。陳青之指出,民元、民四兩種宗旨,反映出當時的軍國民教育、實利教育與國民教育三大思潮。㉟雷國鼎以為清末及民四兩宗旨,均為當時「中體西用」思想的反映。㊱至於未被採納的民八教育本義,反映的是民主理念與杜威哲學。至於民十八宗旨及民三十六憲法,則都是本於三民主義,有黨化教育的想法。

　　總之,可以發現歷年所頒教育宗旨的背後,所反映的以政治理念居多,哲學觀點居次,教育思想甚少。換言之,國家教育只是為了達到一黨一派主政者所設定的政治目標,而不是要實現某種教育理念。亦即,教育所追求的只是外在目的,而非本質性目的。無怪乎,一但時空轉變,不是如軍國民主義不合世界潮流,就是隨主政者下台而廢。更何況其所本諸的理念,未必普為人所接受視為真理,甚至是某種政治意識形態。如此,更禁不起時空的考驗。原本國家教育宗旨應是百年大計,一旦訂定,應行之久遠。然而自清末至行憲,前後不過三十年,國家教育宗旨卻歷經五變,所隱含的意思不正是內容缺乏普遍妥當性嗎?所謂國家宗旨,也不過像一時性教育方針或政策,隨政朝波動而改變,根本無法作為一國教育發展的指針。

　　如此一來,此種狀況不正是符合法哲阿圖色 (L. Althusser) 所說,教育是國家意識形態的機器,教育主要在複製宰制階級的意識形態。㊲國家教育不但不能解放人類思想,反而是灌輸某種意識形態(無論是政治、哲學或教育方面),禁錮人的心靈的工具。

## ㈢成效角度

如何評估我國歷年所頒教育宗旨的成效，實在不易。但仍可以由其持久性、對下位教育法律的規範性及對教育實際活動的影響三方面來評估。唯因第三項是最高標準也最難進行，故本文只採前兩項較低標準爲之。若連較低標準都不易達成，則違論較高標準。

首先，就持久性而言，如前所述，我國教育宗旨三十年間已歷經五變，實難謂其持久。至於憲法第一五八條，雖已持續五十年。但目前卻受到挑戰，要求於教育基本法中另訂之，不正是反映其不合時宜。

其次，就對下位教育法律的規範性而言，國家教育宗旨既是國家教育發展的最高指導原則，理應具有規範作用，最具體的方式是反映在教育法令中。若國家各類教育法規的制定，都受其規範，則自然發揮了具體的作用。如果不然，則應屬具文。茲依此觀點，逐一檢視歷年所頒的教育宗旨。

1.清末的宗旨，是在奏定學堂各章程頒布後二年才制定，並未規範各章程。

2.民元的教育宗旨，並未被民初所頒各項主要教育法令引爲法源或教育目標的依據。如《小學校令》，《中學校令》（民元.9）規定：「中學校以完足普通教育造成健全國民爲宗旨。」[38]《師範教育令》（民元.9）規定：「師範學校以造就小學校教員爲目的。」[39]《專門學校令》（民元.10）規定：「專門學校以教授高等學術、養成專門人才爲宗旨。」[40]《大學令》（民元.10）規定：「大學以教授養成高深學術，養成碩學閎材、應國家需要爲宗旨。」[41]《實業學校令》（民2.8）規定：「實業學校以教授農工商業必需之知識技能爲目的。」[42]

3.民四教育宗旨，其狀況與民元類似。如新頒的《國民學校令》（民4.7）規定：「國民學校施行國家根本教育，以注意兒童身心之發育，施以適當之陶冶，並授以國民道德之基礎及國民生活所必需之普通知識技能為本旨。」⑭《高等小學令》（民4.7）規定：「高等小學以增進國民學校之學業，完成初等普通教育為宗旨。」⑭《預備學校令》（民4.11）規定：「預備學校以注意兒童身心之發達，施以初等普通教育，預備升入中學為本旨。」⑮由上述可知，這些學校的辦學宗旨與民四教育宗旨間並無關聯，更談不上規範作用。總之，以上三種教育宗旨，樂觀言之，充其量只能說有宣示性效果；悲觀言之，則實際上均形同具文。劉真曾分析其之所以如此，除宗旨本身未盡完善外，變更過速、實行不力及缺乏政策，是三項最重要的外在原因。⑯

4.民十八宗旨，其情形則與前三者迥異，而是對各項教育法規產生了規範作用。如國民政府於民國二十年代前後公布的《大學組織法》（民18.7）、《專科學校組織法》（民18.7）、《職業學校學》（民21.2）、《小學法》（民21.12）、《中學法》（民21.12）、《師範學校法》（民21.12）等，在第一條中都明言「應遵照中華民國教育宗旨其方針」。⑰此外，為落實三民主義教育，二十年九月國民黨第三屆中央執行委員會常務會議通過《三民主義教育實施原則》，具體規定各級各類教育的目標及實施綱要。⑱

5.憲法第一五八條，行憲後教育部在新修訂的教育法規中，則將第一條中的法源均改為「依中華民國憲法第一百五十八條之規定」。如《大學法》（民37.1）及《專科學校法》（民37.1）。⑲至於未修訂者則沿用民十八宗旨而未變。三十八年（一九四九）政府遷台後至民國八十年（一九九一）以前，以憲法第一五八條為各級教育母法法源依據，幾乎成為立法通例。⑳然而此一立法法例自八十年以後，又有重大改變。新修訂之教育法規，均未再引用，如《大

學法》（民83.1）、《師資培育法》（民83.2）、《教師法》（民84.8）、《私立學校法》（民85.10），均於第一條中另定宗旨。此種轉變，究竟意味著什麼，令人玩味。

總之，依兩項低標準來評估，僅對下位教育法律的規範性一項，在民十八及民三十六兩種宗旨下，曾發揮作用，其餘不是只具宣示性意義，就形同具文。至於該兩種宗旨的精神是否真正落實則待查考，不過值得注意的是，民國八十年以後憲法第一百五十八條從教育法規中消失的現象，是否會使其也變成只具宣示性意義，或形同具文，則待觀察。


## 叁、國際比較

在瞭解我國的歷史演變後，反觀其他國家的情形，則可發現狀況不一樣。整體而言，訂定國家教育宗旨並不多。以下茲分別介紹有關國家的狀況。

首先，就亞洲言，除我國外，尚有日本、中共、菲律賓等國。就日本言，一八九〇年明治天皇頒《教育敕語》，其中有臣民要孝父母、友兄弟等倫理觀念，要重國家、遵國法，要義勇奉公，以佐皇運。[51]此敕語規定了教育目的。日本戰敗後，鑒於以往及極端國家主義、軍國主義的缺失，美國教育使節團要重建日本教育體制，改變以往天皇教育體制。一九四七年三月公布《教育基本法》，第一條（教育目的）規定：「教育必須以陶冶人格為目標，培養出和平國家和社會責任的建設者，愛好真理和正義、尊重個人的價值、注重勞動與責任、充滿獨立自主精神的身心健康的國民。」[52]原敕語則於一九四八年六月才廢止。[53]新目的強調和平、尊重個人主義

的理念。李園會以為此法的訂定，使日本教育行政不再受制詔書或敕令，而全以法律來決定方向，是重大改革；但此法兩週內由國會匆匆審議通過，及具有道德與倫理性格的特殊法律，是不足之處。⑤另許志雄指出，該條包含各種價值，雜亂羅列在一起，其間欠缺優先順序與理論關係。且以法宣示教育目的，理論上逾越法規範的範圍，介入非法律權限所及的學術領域。⑤

　　就中共言，中共雖未訂定教育宗旨，卻訂有教育方針。所謂教育方針是指：「國家或黨在一定歷史階段提出的教育工作發展的總方向，是教育基本政策的總概括。」⑤就中共黨的教育方針言，一九五八年中共中央、國務院發布《關於教育工作的指示》，其中揭示：「黨的教育工作方針，是教育為無產階級的政治服務，教育與生產勞動相結合。」⑤此一方針是遵循馬列主義以階級鬥爭為綱，教育為政治服務為首務。完全顯露阿圖色所言：教育是國家意識形態機器的觀點。文革結束後，一九七八年中共第十一屆三中全會確定放棄階級鬥爭為綱，改以社會主義現代化建設為全黨的工作重點。教育方針也隨之逐步調整。一九八五年中共中央、國務院發布《關於教育體制改革的指示》，其中揭示：「教育必須為社會主義建設服務，社會主義建設必須依靠教育。」⑤一九九○年二月，中共十三屆七中全會通過之《關於制定國民經濟和社會發展十年規劃和八五計畫》提出：「繼續貫徹教育必須為社會主義現代化建設服務，必須同生產勞動相結合，培養德、智、體全面發展的建設者和接班人的方針。」⑤此後，即以此為未來的教育方針。一九九五年中共公布《教育法》，第五條即規定：「教育必須為社會主義現代化建設服務，必須與生產勞動相結合，培養德、智、體全面發展的建設者和接班人的方針。」⑥至此，則已放棄以往教育為政治服務的方針，而改為經濟服務。

　　至於菲律賓，依其憲法第十四條第五項規定：「一切學校教

育，應注重發展品德、個人修養、公民道德、職業能力及教授公民
義務。」[61]

　　其次，就歐洲言，有東德、波蘭、葡萄牙、希臘等國。依東德
憲法第二十五條第二款規定：「德意志民主共和國，要貫徹人民社
會主義的愛國心和國際主義的精神，並且保障其往高度的一般教育
知識和專門教育知識全面調和發展的人類社會主義的共同社會前
進。」[62]依波蘭憲法第八十條規定：「波蘭人民共和國，特別關照
青少年的教育，保障其最高發展的可能性，更進一步栽培年輕一代
積極參與社會、政治、經濟和文化生活的條件，並激發青少年形成
共同負起促進祖國發展責任的意識。」[63]依葡萄牙憲法第四十三條
第三款規定：「國家施行之教授，除身體之發達與知能之完成外，
以人格、職業能力及一切道德與公民德性之形成為目的。關於道德
上之德性，國家應善體葡萄牙的傳統，基督教教義及道德之諸原
則。」[64]依希臘憲法第十六條規定：「關於任何初等及中等教育機
關，其教育目的在於鍛鍊心身及依正常希臘正教社會之精神上之理
想以培養青少年之民族意識。」[65]

　　第三，就美洲言，有墨西哥、薩爾瓦多、瓜地馬拉、巴拿馬、
智利、阿根廷等國。依墨西哥憲法第三條規定：「在本國，無論是
聯邦、州、地方自治體所實行的教育，其目的均是要調和地發展人
們的能力，並在國家獨立及正義之下，涵養愛國心與國際的連帶意
識。」[66]依薩爾瓦多憲法第一百九十八條規定：「教育是使受教者
具備共同努力建設社會的能力的方式，其必須完全發展被教育者的
人格，並教導其對人的權利和義務的尊重，破除非寬容和憎惡的精
神，以及促進中美各人民統一的理念。」[67]依瓜地馬拉憲法第九十
五條規定：「而教育的目的則在發展人們完美的人格，尊重人們的
權利及基本的自由，改善身體和精神的狀況，振興公民個人的責任
感，並促進民眾的進步以及發揚其愛國心。」[68]依巴拿馬憲法第七

十七條規定：「國民教育在知識的、道德的、公民的和身體的各層面的執行，是國家的主要義務。國民教育必須灌輸民主主義，國民發展以及人類連帶的理想。」69依智利憲法第二十八條第二款規定：「教育的目的在使國人具備強固的身心，信仰神、道德與價值，為阿拉伯人的遺產感到榮耀，學習知識，自覺權利與義務，並為公共利益而行動，以創造充滿團結和友愛精神的世代。若有與前項規定相矛盾的教育即被禁止。」又第二十八條第三款規定：「教育的目的在充分發展人們的個性和基本自由。」70依阿爾巴尼亞憲法第三十七條第四項第一款規定：「學校教育的目的在發展青少年的體力，增長其知能且達成其經營社會生活的可能性，培育其職業能力，形成其人格，並且完美修養一切屬於個人的、家族的以及公民的德性。」71

最後，就非洲言，依敘利亞憲法第二十八條第二款規定：「教育之目的，在於強固其身心；信仰神與道德及其價值；誇耀阿拉伯人之遺產；求得知識，權利義務之自覺，為公共利益而活動溝通創造全國人民之團結與滿足同胞愛的精神之時代。凡教育與前段規定之目的矛盾者，應予禁止。」72

至於英美等國，並未於憲法或教育法規中規定國家教育宗旨或目的，則與其國家體制有關。首先，就英國言，基本上，一九八八年以前教育事務屬於地方事務，教育行政度屬地方分權形式，在主要的《1944教育法案》（*Education Act, 1944*）中並未無國家教育宗旨條文。73雖然《1988教育改革法案》（*Education Reform Act, 1988*）大幅擴增中央政府的教育權限，實施國家課程與國家評鑑，但仍未制定國家的教育目的。74其次，就美國言，依美國憲法採取聯邦制，在一七八七年制憲時並未規定教育權的歸屬。後來憲法第十修正案規定：「本憲法所未授與聯邦或未禁止各州行使的權力皆保留由自己管州或人民。」基於此，教育行政權因未授與聯

邦，故教育爲各州的保留權力之一。⑦如此一來，美國聯邦政府也不可能制定國家教育宗旨或目的。

　　總之，依所蒐集資料資料可知，世界上以憲法或法律規定國家教育目的的國家僅有十五國數量甚少。其中共同之處有：多屬第三世界國家；部分屬社會主義國家；民主化程度多不深。至於英、美、前西德、法、蘇、加、義等主要國家均未制定類似宗旨或目的。故知制定國家教育宗旨並非世界趨勢。

# 肆、未來方向

## 一、制定教育宗旨的必要性與利弊分析檢討

　　歸納前述分析，吾人可從五方面來檢討制定國家教育宗旨的必要性與得失。

### ㈠必要性分析

　　首先，就我國狀況言，過去之所以要制定國家教育宗旨，受外在時空環境因素制約的成分甚大。由於外在挑戰大，因此希望國家集中目標以爲因應。然此種狀況，並非永存，且每一時期的外在挑戰不同，如制定死反不能因應新局。

　　其次，就國際比較言，除我國之外曾制定國家教育宗旨的國家，筆者已知的國家僅日本十四國，英、美、法、德、蘇等主要國家均未以憲法或法律規定之，因此制定國家教育宗旨並非世界趨勢。又未訂國家教育宗旨者，也未因此而影響其教育發展。故知，制定國家教育宗旨與發展國家教育間並無邏輯上之必然關係。

## ㈡功能角色分析

　　照理，教育宗旨原先的功能是要標示國家目標，指導國家教育朝有利於國家人民的方向發展，應是正面的；但是睽諸事實，往往卻淪為主政者灌輸其意識形態的機器，反而成為負面，而此種現象又不易避免。

## ㈢法律分析

　　就教育宗旨制定的程序而言，我國過去的五種教育宗旨中，除憲法第一五八條是經過民意機關審議外，其餘均是行政部門草擬。其間或經過專家會議研討，但畢竟功能上只是諮詢而非審議，無法做到監督平衡、反映多元聲音的功能。再就法律位階言，前四項也只能視為行政命令，而非法律，位階均低。在形式上，是以法律來規範道德與教育原理。

## ㈣成效

　　就教育宗旨的成效言，經由前面分析可以發現，以持久性觀點論，三十年間即歷經五變，難為其具持久普遍性。就對下位法律的規範性論，僅民十八宗旨及憲法第一五八條曾被下位法律引為立法依據，至於其他三種宗旨不是只具宣示性就是形同具文，難有成效。

## ㈤利弊

　　國家教育宗旨的內容，根據歷史經驗可知，其背後的理念，以政治理念居多、哲學觀念居次、教育思想最少；且易偏於某黨的政治意識形態，或偏於某派的教育理念，缺乏普遍性。若強加於國家教育事業上，則會壓抑教育專業人員的自主精神。且一但時空改變，原宗旨就會被揚棄。

## 二、制定教育基本法（草案）教育目的條款的必要性檢討

　　民國八十三年民間教改人士發起四一〇遊行，四大訴求之一即制定教育基本法。⑦之後，有關人士便積極起草，最後出現五個不同版本，一是透過朱惠良等三黨立委運作連署的教育基本法草案（以下簡稱朱版），⑦二是立委顏錦福版（以下簡稱顏版），三是立委翁金珠版（以下簡稱翁版），四是台灣教授協會版（以下簡稱台教會版），五是四一〇教育改造聯盟版（第二階段草案）（以下簡稱四一〇版）。同時教育部在民間龐大壓力下，也開始起草官方版的教育基本法（以下簡稱官版）。⑦而在各方草案中共同點之一，即是都重新訂定教育目的或宗旨。茲將各版內容表列如後，請參見（表二）。

　　以上六版的特徵分析如後：

　　1.民間五個版本都有反對國家教育主權的預設，因此界定「人民為教育權之主體」。其中四個版本有類似條文，如朱版第二條、翁版第一條、台教會版第一條、四一〇版第一條。過去國家完全享有教育主權，易走上軍國主義道路，但如今完全排出之，是否仍是一偏。

　　2.民間五個版本教育目的偏於個人發展，而刻意反對配合國家需求，僅官版個人與國家發展兼顧。過去教育目的完全以國家發展為先，固然有使人民淪為工具之失；但如今完全以個人發展為先，是否會危害群體生存？

　　3.反映當前台灣現實政治社會的需求，如強調多元文化主義、族群融合、民族包容、生命共同體等，（如朱版、顏版、翁版、四一〇版第二條）仍無法擺脫教育為政治服務的色彩，雖各版都有條文

## 表二　各版教育基本法草案教育目的條款對照表

| 版本 | 教育宗旨或目的 | 出處 |
|---|---|---|
| 朱版 | 第二條：教育之目的應謀求教育主體之人格智能體能即人性尊嚴意識之充分發展，增進對人權及基本自由之尊重致力於文化之創造與多元發展，並促進不同國家、族群、性別、地域、宗教或文化間之相互瞭解、寬容、互助互愛與友好關係，以培養愛好真理、正義、自由、民主、和平與獨立自主之人民。 | ⑦⑨ |
| 顏版 | 第二條：教育目的之實現，應尊重教育之自由。致力於文化之多元發展，增進理性認知，融洽各族群，孕育生命共同體，不受任何人事時空之限制。 | ⑧⓪ |
| 翁版 | 第二條：教育之目的，為實現人民之教育權，協助其完成人格之充分發展，培養愛好真理與正義之精神，促進各國家、各民族及宗教間之瞭解與寬容，鍛鍊國民之體格與充實科學及知識智能。 | ⑧① |
| 台教會版 | 第一條：教育宗旨應確認教育主體為接受教育之國民，教育之施行應以保障國民學習權為出發點。國家、教師、父母皆為教育主體之協助人，應合力輔導教育主體也使其在追求人生幸福過程中，得自我成長，發展健全人格，增長智能，尊重人權，並成為民主國家之公民。國家應從終生教育之觀點，保障國民之學習權。 | ⑧② |
| 四一〇版 | 第一條：教育之目的，為實現人民教育權，協助其完成知性、人格與體能之充分發展。 | ⑧③ |
| 官版 | 第二條：教育應培養具備強健體魄、優良品德、思考能力、自治精神、鄉土關懷、民主素養、生活知能及國際觀之現代化健全國民。 | ⑧④ |

禁止教育與政治掛勾，要求政治中立的條文（如朱版第八條、顏版第十一條、翁版第五條、台教會版第十條，四一〇版第八條）；但弔詭的是，在目的上卻如此明顯的反映立法者亦是藉教育為傳達自己教育或政治意識形態的意圖。

　　4.民間版立法者的政治立場，多屬反對黨，且在政治意識形態上

偏於獨派色彩。不禁令人懷疑其之所以熱衷制定該法的動機，是為解決教育問題，或是為培育新國民、建立新國家做預備。

5.在寫作形式上，多採列舉式，由於欠缺完整教育理論架構，以致所列項目顯得龐雜繁多；如細數項目，朱版多達十八子項，而最少者是四一〇版三項，前者既無法窮盡，後者也無法概括。因此似乎是各抒己見而已，缺乏普遍妥當性。

6.各版在觀念上，都隱含教育基本法要規範所有人民的公私教育活動，此點在概念上是混淆教育與學校教育，因為所制定的國家教育目的，只應規範學校教育，如超出此範圍，不僅未保障個人選擇自我教育理念與方法的自由，而且與先前國家主義者所犯的錯誤一樣，即藉由國家機器來灌輸一偏的意識形態。

7.六者在法例上都是利用法律來規範「道德與教育原理」，其缺失是既不可能完美，也會影響教育工作者的教學自主權。日本在起草教育基本法時的文部大臣田中耕太郎就曾表示，國家用法律來明文制定完美的教育目的，是不太可能的事。[85]

## 三、結論

根據前面的討論，吾人可以得到以下結論：

1.僅少數第三世界且民主化不深的國家，以憲法或法律規定國家教育宗旨或目的，並非世界趨勢。

2.制定國家教育宗旨的內容，不易完美，而易偏於某黨的政治意識形態，或偏於某種的教育理念，缺乏普遍性。

3.我國以往制定的宗旨，受政治變化影響變動性高，且多反映某黨的主張或政治意識形態。

4.我國以往制定的宗旨，僅民十八宗旨及民三十六憲法一五八

條曾發揮低標準的作用，至於其他三種宗旨，不是只是宣示性，就是形同具文。

5.新制定的六個版本教育基本法草案，形式上仍是屬以法律規範道德，逾越法規範的範圍；而內容上雖反映當前國內外的一些理念，然或不免失於雜亂、欠缺一貫理論體系，或傾於個人發展一偏，或有部分仍無法跳脫淪為意識形態機器為政治服務的可能。

總之，雖然教育需要目的、教育發展需要有方針、各級各類教育需要有目標，但不必然在這些之上需要另定國家教育宗旨。沒有制定國家教育宗旨的國家，不必然導致該國教育無法發展，或發展不佳。反之，強要訂定，既不易周備，且易衍生流弊，讓國家教育機器，淪為黨派或學派的鬥爭工具，以致教育人員喪失其專業自主權。因此，個人以為我國未來應廢止現有的國家教育宗旨，而教育基本法中也不應再列入類似條款，應將教育理念的選擇權還給所有教育人員，如此才是真正的教育鬆綁，否則只是鬆此綁，而加彼綁，對教育發展有弊無利。更何況如憲法未改，其效力仍高於教育基本法，制定新目的也是無效，又何必多此一舉。

# 註釋

①參見劉真：《教育行政》，台北：正中，民51，頁9。

②參見教育百科辭典編委會：《教育百科辭典》，台北：五南，民83，頁416。

③參見〈學部奏陳教育宗旨折〉，收於璩鑫圭、唐良炎編：《中國近代教育史資料彙編》（學制演變），上海：上海教育，1991，頁534-539。

④參見陸費逵：〈敬告國民教育總長〉，《教育雜誌》第三年十期，1912年1月，頁3261-4。稍後陸費逵則建議採實利主義為教育方針。

⑤參見中國第二歷史檔案館編：《中華民國史檔案資料彙編》第三輯教育，南京：江蘇古籍，1991年，頁22。

⑥同前引書。

⑦同前引書，頁16-20。

⑧我一：〈臨時教育會議日記〉，《教育雜誌》第四卷六號，1912年7月，頁4127-8。

⑨參見教育部編：《第一次中國教育年鑑》甲編，民23，收於吳相湘主編：《民國歷史叢刊》，台北：傳記文學，民60，頁32。陳景磐：《中國近代教育史》，北京：人民教育，1983，頁196。

⑩參見《特定教育綱要》，收於璩鑫圭、唐良炎編：《中國近代教育史資料彙編》（學制演變），上海：上海教育，1991，頁748-9。

⑪參見《教育要旨》，同前引書，頁758-767。

⑫參見孫邦正：《教育概論》，台北：台灣商務，民58，頁49。

⑬參見雷國鼎：《教育概論》（上），台北：教育文物，民65，頁82。

⑭參見陳景磐：《中國近代教育史》，北京：人民教育，1983，頁201。

⑮同註9引《第一次中國教育年鑑》甲編，頁37。

⑯同前引書，會議地點在山西太原，會期由十日至二十五日。

⑰同註12引書，頁49。杜威於五四後應邀來華講學，其觀點於是傳播開，但對

於教育無目的說，當時許多人卻誤會其義。杜威的原義是教育無外在的目的，而非毫無目的。

⑱同註9引書，頁37-8。

⑲同前引書，頁36。

⑳參見中國國民黨黨史史料編委會，《革命文獻──抗戰前教育政策與改革》第五十四輯，台北：中央文物，民60，頁252-264。

㉑同註1引書，頁19。

㉒同註12引書，頁51-2。

㉓參見張知本編：《最新六法全書》，台北：大中國，民81，頁6。

㉔同註12引書，頁53。又參見黃昆輝：〈五十年來我國教育政策〉，收於中國教育學會主編：《近五十年來之中國教育》，台北、復興，民66，頁203。

㉕參見田培林：《教育學新論》，台北：文景，民66，頁130。參見鄭世興：《中國現代教育史》，台北：三民，民79，頁276。

㉖參見繆全吉編：《中國制憲史料資料彙編──憲法篇》，台北：國史館，民78，頁561。

㉗參見國民大會秘書處編：《中華民國憲法之制定》，台北：國民大會秘書處，民50，頁12，124。

㉘參見孫亢曾：《教育概論》，台北：正中，民48，頁65。

㉙參見黃昆輝：〈五十年來我國教育政策〉，收於中國教育學會主編：《近五十年來之中國教育》，台北，復興，民66，頁203。

㉚原令查不到，轉引自呂寶水：〈教育宗旨與憲法〉，《國立台灣師範大學公民訓育學報》第二期，民75年6月，頁273。

㉛同註28引書，頁62。

㉜參見鄭世興：《中國現代教育史》，台北：三民，民79，頁360。

㉝參見薛化元：〈戰後國家教育權發展的考察──「教育基本法」爭議的歷史思考〉，《律師雜誌》，第二一○期三月號，民86年，頁21-22。

㉞同註14引書，頁167。

㉟參見陳青之：《中國教育史》，台北，台灣商務，民55，頁654-664。

㊱同註13引書，頁82。

㊲參見L. Althusser, *Lenin and Philosophy and Others Essays.* London: NLB, 1977, pp.136-9.

㊳參見宋恩容、章咸主編：《中華民國教育法規編1912-1949》，南京：江蘇教育，1990，頁338。

㊴同前引書，頁436。

㊵同前引書，頁401。

㊶同前引書，頁402。

㊷同前引書，頁516。

㊸同前引書，頁207。

㊹同前引書，頁214。

㊺同前引書，頁204。

㊻同註1引書，頁19-20。

㊼同前引書，頁243，348，404，415，462，527。

㊽同註9引書，頁45-50。

㊾參見教育部編：《教育法令》，台北：正中，民44，頁103，109。

㊿僅《幼稚教育法》、《私立學校法》未引用。

51參見《教育敕語》，收於瞿葆奎主編：《日本教育改革》，北京：人民教育，1991，頁32。

52同前引書，頁51。

53參見李園會：〈日本教育基本法的成立過程〉，收於黃昆輝主編：《教育與文化》，台北：五南，民86，頁173。

54同前引書，頁180。

55參見許志雄：〈教育基本法的意義與特質——戰後日本教育法制焦點問題初探〉，《律師雜誌》，第二一〇期三月號，民86，頁13。第二項缺失，是當時立法主導者田中耕太郎的觀點。

56 參見董純才編：《中國大百科全書（教育）》，北京：中國大百科全書，1985，頁1159，教育方針條。

57 參見瞿葆奎主編：《中國教育改革》，北京：人民教育，1991，頁281。

58 同前引書，頁797。

59 全國人大常委會辦公廳：《第七屆全國人民代表大會第四次會議文件選編》，北京：全國人大常委會，1991，頁73-4。

60 國家教委員會政策法規司編：《教育法》，北京：教育科學，1995，頁1。

61 參見余書麟：《國民教育與憲法》，台北，師大出版組，民58，頁87。

62 參見沖原豐：《日本國憲法教育規定研究》，東京，風間書房，昭和55年，頁582。1974年修正。本節日文部分，承蒙台灣師大教育系魯先華講師協助翻譯及方炎明教授指正，特此誌謝。

63 同前引書，頁630。1976年修正。

64 同註59引書，頁107。1945年修正。

65 同前引書。1952年修正。

66 同前引書，頁639。1953年修正。

67 同前引書，頁528。1950年公布。

68 同前引書，頁542。1956年制定、實施。

69 同前引書，頁596。1946年公布。另參見前引余書麟書，頁119。

70 同前引沖原豐書，頁554。1950年制定。

71 同註60引書，頁495。1949年制定。

72 參見余書麟：《國民教育與憲法》，台北：師大出版組，民58，頁94。

73 參見HMSO：*Education Act, 1944.*，London: HMSO，1944.

74 參見Parliament：*Education Reform Act, 1988.*，London: HMSO, 1988.

75 參見謝瑞智：《教育法學》，台北：文笙，民81，頁192。

76 參見四一○教育改造聯盟：《民間教育改造藍圖──朝向社會正義的結構性變革》，台北：時報，民85，頁433。

77 該案由朱惠良（新）、范巽綠（民）、林政則（國）三位教育委員會委員提

案,其他五十二人連署,納入立院總字1605號案,原案是由民間版彙整而來。
參見《立法院第三屆第二會期第十八次會議議案關係文書》院總字1605號
委員提案1610號(85.11.16發),參見《立法院公報》。

⑦⑧教育部版則委由國立台北師範學院國教所所長吳明清教授負責起草。

⑦⑨同註55引書,頁127。

⑧⓪參見魏千峰:〈教育基本法各種版本之比較〉,《月旦法學》,1995年第五
期,頁34。

⑧①同前引書。

⑧②同前引書,頁35。

⑧③同前引書,頁37。

⑧④參見教育部版打字稿。

⑧⑤同註52引書,頁147。

# 回流或逆流——世紀交替間的省思：
# 以回流與終身教育為例

溫明麗

## 壹、前言

　　這樣的文章是否能被今日的教育大老們，尤其是為政者所接受，不是我所關注的，但是本文的鋪陳卻是本著一顆教育工作者的良知理性，從另一個門縫中去窺見教育活動與其發展的另一齣場景，或者該說另一種「怪象」，此所稱之「怪象」，指在教育活動當中本不應出現而出現，並可能蔚為風潮的現象。舉英文教學之目標與內容為例言之，是否能因著其內容是提及「性趣」便必然會引發學生學習英文的興趣？是否大學英文教學之目標只在激發學生的興趣？何以就讀大學英文系的學生，還需要教師在課堂上引發其學習的興趣他們才想學英文？在這種以「性趣」激發「興趣」的過程中，又是否會造成扭曲「興趣」的原初目的，變成對「性」感到興趣之教學？讓學生對「性」感到興趣其實並非壞事，也無不可或不對，但問題在於，是否這是英文教學的主要目標？教學者是否很清楚「性趣」與「興趣」之間的關係？「性趣」與「興趣」是否真的可以在轉換中沒有可議之處？引起興趣的方法難道只有談「性趣」是唯一的良方？然而此等現象卻在國內知名的高等學府出現，不禁令人質疑，高等學府教師的教育專業素養是否比建立終身學習的社

會更亟需提升！

　　每次與歐陽教授的賢弟聊天時，多少總會聽到他對社會與教育的慨嘆，從其慨嘆中不難意識到他對於當今社會與教育隱憂的關懷與擔心。揮別歐陽叔叔之後，我在賦歸的路上，心中除了也隱隱作痛外，原本淡淡的哀愁似乎愈加濃郁了，對一位自認為小市民的長者對教育的殷殷期望之情，更令我由衷的感佩。我之所以對歐陽叔叔的「長者之嘆」感到如此震撼的主因是，我──一個個兒小小的女人──既是自幼家貧，更乏權貴攀附，又能為這位眼光長遠、心懷國家社稷的長者做些什麼呢？除了好好在教學崗位上扮演好教師的角色，還能為教育奉獻些什麼呢？！說得更真實而抽象些，微小的我是否有能力彰顯自己對教育與社會存在的價值與意義？思慮至此，不禁令筆者更感受到存在主義所標榜的「渺蒼海之一粟」，然而身為教育界的一份子，又豈能置身度外。

　　因此本文乃試圖以教育部所發行之《邁向學習社會》一書中之論點，作為世代交替間反省的主要對象，雖不敢期望能為教育的新紀元理出一個較為合理的發展方向，惟希望作為個人實現心中上述迢思與自我期許的開端。若有幸蒙獲長者與得道者的肯定，將是鼓勵個人為教育奉獻的另一處里程碑，也算是呈給對教育關懷之社會長者的獻禮。

　　本文主要分為三部分，首先討論學校教育的「停損點」，釐清學校教育的範疇與功能，以確立營建終身學習社會的管道、方向與重點；其次論證回流與終身教育之關係尚未明確，進而論述回流與終身學習應該正本清源回歸其本質，俾確保教育改革的成效與品質。

# 貳、學校教育的「停損點」

　　莊子云：生也有涯，學也無涯。就此而言，人的一生無論如何學習，也無法將一切都學「完」，更何況在資訊時代知識爆炸的二十一世紀，知識的發展與對學習所產生的挑戰，將無所止境，也更難以預估。考教育部所擬定之〈建立高等教育回流教育體系實施方案〉一文，其中提及所以提倡回流教育的理由有二：一是「徹底」解決國內升學主義的問題；二是積極落實終身教育理念。（教育部，建立高等教育回流教育體系實施方案，2）可見，回流教育與終身學習理念的提出，一則欲破除國內積弊已久的升學主義問題；再則亦意識到人類要適應此等快速變遷社會，將面臨空前的挑戰所開展出來的觀點與措施。其實在高唱終身學習之前，台灣社會早已存在「活到老，學到老」之論。「活到老，學到老」與終身學習應是異曲同工的理念。只是，回流教育與終身教育是否能達成上述目標？學校教育功能與回流教育或終身學習社會之間的關係究竟為何？而且人生到底要學多少才算得上已粗具「基本」能力與知識？是否只有回到學校方能完成民眾基本能力之學習？如果上述問題無法獲得釐清與解答，則因為不明白終身教育與回流教育之本質與目的，國家所倡導的回流教育與終身學習，便難免不變成另一次政治角力戰下的教育宣言，亦難以保證回流或終身教育是政府提供的「實質利多」，抑或是民眾形式受益的措施。

　　此所謂「政治角力下的教育宣言」指的是教育行政單位礙於行政與政治的考量，以及受到來自經濟與商業社會壓力的「號召」，於是急於彰顯行政的有效性，呼應社會對行政官員的角色期望，故政府行政官員在屈服於教育市場自由擴增的壓力下，所呼出的「教

育口號」。筆者所以於此質疑「終身學習或回流教育」是否會成爲一種教育口號，乃看到教育受到市場導向的影響甚巨，並紛紛打著「民主政治」、「教育機會均等」的旗幟，無條件的符應與滿足人民追求立即性效益的需求，而採取開放與擴大人民受教機會的策略。此等擴增教育機會的措施本是開發國家的教育發展趨勢，惟令人擔心的是，政府在依循「世界潮流」而大力開展終身教育的同時，是否已徹底深思教育品質可能因此而降低？是否已謹慎考量一味擴充受教機會的同時，已有違教育本質和目的？

一旦教育政策的制定是基於上述的「莫可奈何」、「迫於情勢」或「昧於無知」，則終身教育與回流教育之政策，縱或符應教育潮流、滿足民眾需求，也應該受到教育工作者嚴格的檢視，俾省察政府提倡終身與回流教育所預期之徹底解決升學主義以及落實終身教育的理想是否眞的可以達成。如果上述目標無法達成，而且還「扭曲」了民主的眞諦，誤認：教育生產量的多寡即代表教育品質的高低；受教量（人數）與受教年限的增多與延長便是教育效益的絕佳判準，則教育政策是否正確，實有待重新評估。

上文中所提及之「扭曲的民主」此觀念，德哲哈伯瑪斯（J. Habermas, 1929- ）在其近著《介於事實與規範》（*Between Facts and Norms*）一書已明確闡述過，且其論點亦值得我們作爲省思的參考。他指出，眞正的民主應能兼顧社群的道德律則與個人的倫理認同；簡言之，民主社會組成的重要判準便是有效與合理的決定。（Habermas, 1996, 19）就此而言，凡未能顧及個人是否完全而理性的參與社群之道德規範的建立，均非哈伯瑪斯所認定的眞正民主。如果哈伯瑪斯提出之「認同性參與社群道德規範」可以作爲民主的判準，那麼我們亦可以用之來判斷台灣社會的民主是否爲眞正的民主？如採取以投票多數決方式的民主，則屬於只徒具形式而乏實質的民主，未必爲眞正的民主政治。

於此筆者所以強調民主的真諦，乃認定政策是否民主均會直接、間接的影響政策的合理性，教育政策亦然。若政策決定者對於民主未有深層而較合理的認識，那麼其所訂定的教育政策極易於受到政治或經濟因素的影响而受到扭曲。(Habermas, 1975, 70-75)

　　同時，自教育史與教育實踐的事實觀之，更可以清楚的看到，教育政策是無法完全擺脫政治與經濟因素的影響而做到「上帝的歸上帝，凱撒的歸凱撒」之理想，故在制定或實施任何教育政策之前，應先辨明「真實性民主」與「扭曲性民主」，如此不僅有助於訂定合理的教育政策，亦較不易造成教育目的與政策或法令間的落差。

　　同理，終身學習或回流教育政策的決定亦應如此，否則，不明白在民主社會何以需要實施終身教育或回流教育，也不清楚終身教育和回流教育間的分野，就貿然實施之，則政策與目標間恐難免發生落差，產生實施結果與理想相去甚遠的現象。有鑑於此，筆者擬於下文中先歸納、分析與說明哈伯瑪斯所提出之民主理念，並以之相對應於政府所以推展終身教育與回流教育之理念與作法，俾反省教育行政當局倡導之回流與終身教育的作法是否存在迷思或盲點。讀者亦可針對哈伯瑪斯的論點，對本文提出再反省與再批判，則將有助於反省終身學習或回流教育理念和政策的合理性，也更有助於教育政策共識的建立，俾促使回流與終身教育之作法更合乎教育的本質與理想，不致於視手段為目的。

　　哈伯瑪斯立於溝通理性的基礎，深刻的反省當今眾人所稱之民主並非建立於理性論辯的基礎之上，仍是隱含著「強人領導」的威權，民眾於此種假民主下，縱令對於公權力採取絕對的服從，也未必就是經過理性判斷後的行為，反而顯示少數人的意見可以透過多數人共決的「隱藏式民主」而形成另一種暴力；此種隱藏式暴力常受到權力、金錢或情緒的掌控，故並非真正合乎理性論辯要求的民主；然而可悲的是，哈伯瑪斯發現在這個亟需革命與理性論辯的時

代，沉醉者卻總是多於清醒者。 (Habermas, 1996, xi) 此也難怪在台灣社會之國會殿堂上常出現政爭、黨爭與情緒之爭，而非理性論辯的論政場景。哈伯瑪斯雖然對康德無上命令之程序性道德有所微詞，因為他認為康德的道德觀並非兼顧個體與群體之主體理性的實質性道德；但是另一方面，他卻同意康德對理性的崇敬與人類具理性能力的超驗預設，故他提出透過理性的溝通與理性的論辯來解除受非理性魔咒的束縛。 (Habermas, 1996, xii;5) 如果哈伯瑪斯的理性論辯可以被接受，那麼以其理性論辯的觀點來檢視教育政策的合理性，也應有其一定的價值。

於此，筆者並非認定唯有理性論辯的方法才是檢視教育政策合理與否的唯一有效方法，但是毋庸置言，理性論辯畢竟是民主社會從事社會與政治活動不可或缺的素養，因而以理性的溝通與論辯作為決定政策合理與否，以及作為檢視真、假民主的判準，應具有某種程度的合理性與合法性；而且，理性的論辯和溝通不僅肯定人類的主體性，亦彰顯出個人成熟與負責的人格特質和行為。此兩種特質與精神正是教育在培養具民主素養之公民的指針，因此不論學校教育的「基本能力」為何，均應涵蓋此理性論辯的民主素養。 （依據教育部國民教育階段課程總綱綱要（草案）所列舉的國民基本能力計有：瞭解自我與發展潛能；欣賞、表現與創新；生涯規劃與終身學習；表達、溝通與分享；尊重、關懷與團隊合作；文化學習與國際瞭解；規劃、組織與實踐；運用科技與資訊；主動探討與研究；獨立思考與解決問題等十大基本能力。（教育部，1998，2-3）) 此十大能力的歸屬將於下節中再行討論。

哈伯瑪斯的溝通行動理論所以能彰顯民主真諦的主因，乃基於其具有下列功能：

1.溝通行動有助於人類拓展其視野；

2.溝通行動不僅關照個人利益與自主性的私領域，也兼顧
　社會共同利益合理分配的公領域；

3.基於彼此的對話與理解，溝通行動使個人能包容更多元
　的差異。（Habermas, 1996, 25）


　　質言之，溝通行動使社會的統整性因為人與人之間的彼此理解
而更具可能性。隨著社會的愈趨複雜，人類的主體理性亦愈趨突顯，
多元性社會也將成為二十一世紀必然的發展趨勢。更明顯的，價值
觀與行為表徵的多元性非但不排除個人的殊異性，反而伴隨個人生
命中的殊異性，因此，二十一世紀的教育不僅應勇於面對學生思想
與行為的多元性，更應該設法滿足多元文化社會下的共同性與個殊
性。

　　就此而言，學校教育的目標與內涵亦應兼顧個人與社群間的和
諧，此亦是本節所論述的重點。然而在達成此等學校教育目標的同
時，我們將立即遭遇到一個問題，此即教育真的能完全滿足社會與
個人的需求嗎？就以文憑主義為例言之，政府解決此問題的措施到
底是要讓大家都能獲取其所想要的文憑？還是只給大家取得文憑的
機會，至於能否取得文憑，則各憑「本事」？此所謂之「本事」具
有實然面與應然面兩層意義。「實然面的本事」指的是，獲取文憑
者未必符合該文憑應具有的實質能力（含品格）；應然面的本事，
則指文憑本身與學歷所代表的能力與人品均相當。

　　然而，今日社會用人機構與找尋工作者何以會對文憑主義失去
信心或怨聲四起？筆者分析其主因可能有三：


　　1.有「後台或背景」者可以透過「關係」，不必藉由文憑，即可
比他人更輕易的獲得職業；反之，高文憑的人卻相對的可能缺乏有
力的背景而無法被錄用，此現象將造成就業者認定文憑無用論。

2.相反的，當用人機構只片面的考量應徵者之文憑而決定是否予以錄用時，不再重新考量受僱者之實力，但是卻在錄用後發現其能力與其所擁有的文憑並不相稱，甚至比擁有其他更低文憑者的能力還要低時，雇主乃開始對文憑失去信心。

3.雇主自其經驗中歸納出：文憑與實力之間存在因人而異的現象，因此文憑只能作為考量錄用與否的參考，而非完全作為錄用與否的決定關鍵，遂導致文憑的信度與效度受到挑戰。

一言以蔽之，文憑是否能代表實力，迄今仍是無解之謎，而且教育界或企業界亦尚未設計出具公信力、普遍性與必然性的「實力秤」，俾秤出個人的能力與人品，此亦是教育評鑑專家與醫學研究者應努力的課題。

上述對於文憑主義與教育關係的探討，限於文憑與職業之獲取，難免有窄化教育本質之嫌，但是如果教育的結果無法使人能在其生活中適得其所的展現其才能，那麼教育的功能又如何能受到肯定！對此問題，教育工作者應該勇於面對；相對的，如果用人單位只考量實力而完全不顧該應徵者之品德，我想那便是用人單位應該自省與再教育之處，此更是終身教育可以用力之處。

誠如一九八八年財團法人社會大學文教基金會成立時所宣稱的：社會大學的宗旨在於提供終身學習理念，針對社會議題，從事多角、多面向的學習……減少學校內學非所用……使社會各界結合更為緊密，人在社會中尋求安身立命更為理所當然。就此而言，一九八八年財團法人社會大學文教基金會所稱之終身教育應該是一種既無學分，也無文憑，更是永遠也畢不了業，也無須畢業的學習，此更應證了「生有涯，學無涯」之論。果如此，則學校教育將不再是教育的終點站，也不再只是培育學生基本能力的學習場所，而應依據學習者之需求，彈性的訂定學校發展的方向與應達成的目標，

此亦是本文所以要探討在終身學習社會下的學校教育是否應該具有學校的「停損點」之因。直言之，在終身學習的社會，學校的停損點不是事先就預定好的，而應依據受教者之需求而有所變更，故學校教育的停損點再也不是「傳統」學校教育下的「基本能力」，而是各式各樣的目標 "learning to know"、"learning to do"、"learning to be" 以及 "learning to live together"。

## 叁、終身教育與回流教育的關係曖昧不明，將使回流變逆流

教育部依照一九九六年十二月行政院教育改革審議委員會所提出之「教育改革總諮議報告書」中之重點，致力於破除學校為唯一學習管道之教育體制，建立「學習社會」。（教育部，1998，前言）就此而言，教育部的主張也未擴大學校本身的傳統功能，反之，為了打破升學掛帥之社會風氣，乃積極營建終身學習社會，以破除學校為唯一學習場所的傳統價值觀。故教育部倡導終身學習的社會應涵蓋家庭、學校與社會三種教育活動……提供學習者隨時隨地均可學習的教育體系，打破學習以學校為重心的「意識形態」。（教育部，1998，10-11）由此可見，教育部上述所稱之終身學習理念下的學校教育目標，並非指具多元化功能的學校教育，而仍舊以維持傳統培養基本生活智能之學校教育。不同的是，將正式的學校教育（狹義的教育）擴充至非正式的廣義教育（含家庭與社會教育）。然而對終身學習的社會而言，學校難道只能從事「學齡」學生之教學嗎？果如此，則回流教育的實施機構不應完全只由學校實施之，因為回流教育的對象未必皆為學齡學生，他們的學習也不應被範限於與生活基本智能有關的學習。

教育部在「邁向學習社會」報告書中對此亦有明確的指示，其

內容如下：

> 在終身學習的社會中，學校教育的主要目的在於培養個人
> 終身學習的習慣、態度、方法和技巧，爲個人的終身學習
> 活動奠定良好的基礎。學校教育的對象要包括社會的每一
> 個成員，教育的內容要與生活、工作相結合，教育的場所
> 要擴及整個社會。故學校應該開放門戶，改變入學方式，
> 放寬入學條件，使更多成人得以進入就讀；教學方法應側
> 重培養個體具有自學能力；課程應力求與生活、工作結
> 合。將學校轉型爲社區學習中心，學習社會的理想才可能
> 獲得實現。（教育部，1998，13）

然而若就上述論點而言，學校教育與社會教育的目標似乎混雜
在一起，彼此不分界線。易言之，學校教育即社會教育，社會教育
即學校教育。學校與社會之間的門戶是開放的，並不限於培養基本
智能，其受教對象也不限於學齡學生，反而是所有的民衆。不過在
上文中，教育部卻又指陳「學校教育的主要目的在於培養個人終身
學習的習慣、態度、方法和技巧，爲個人的終身學習活動奠定良好
的基礎。」此不啻吊詭的範限學校教育的範疇，也欲明確區分學校
教育與社會教育在終身學習社會中各自擔任的目標與功能，上述說
詞的不一，更使學校教育在終身學習社會所應扮演的角色與定位曖
昧難明。

再者，教育部的報告書中所指陳之學校教學內容應與生活和工
作結合，使學校轉型爲社區學習中心的目標又令人對學校教育目標
之定位難以捉摸，因爲「教學內容與生活和工作結合」是否就一定
能達成「培養個人終身學習的習慣、態度、方法和技巧」之目標，
仍有待商榷；而且「培養個人終身學習的習慣、態度、方法和技巧」

是否必定與生活基本智能相當？又學校是否只能培養生活基本智能，而無法或不必發揮其他的功能？教育部在提及學校教育、終身教育與回流教育時，對於上述三者間的關係並未有一定的規範，此或許因為教育部所屬各單位之間尚未在學校教育、回流教育與終身教育三者的職權、目標與範圍取得共識所致。

　　教育部一九九八年十月一日提出之「國民教育階段課程總綱綱要（草案）」，雖明確的將國民教育階段應培養的基本能力以學生為主體，以生活經驗為重心，依據人與自己、人與客體環境、人與社會環境三大範疇細分為十大基本能力。（教育部，1998，2-3）然而上述十大基本能力是否真的可以作為學校教育之停損點？或者此十大基本能力只是國民教育階段接受義務教育的國民應具有的基本能力？筆者質疑，此十大基本能力既可歸入人與自我、人與客體環境、人與社會環境三大生活世界的領域中，則人類受教育的終極關懷，無論在學校教育或社會教育，均應為了協助人類追求幸福美好的生活。就此而言，此十項基本能力不但是國民教育的指標，亦是學校教育，甚至是一切教育活動的指標與方向，只是在不同時空與對象下，此十大基本能力的層次與程度或有不同，教育活動的內容與方法亦可能隨之而異。筆者認為此等程度與教學內容的差異，即可作為學校教育與終身教育之界線，而且此已明確說明學校教育與終身教育的方向是一致的，只是重點有所差異。

　　至於回流教育則依受教者之需求與程度，自行選擇所需要之受教場所去接受教育，故或可在學校內進行，亦可在社區或其他可供學習的適當場所為之。如果上述區分可以被接受，則應有助於釐清學校教育、回流教育與終身教育間關係與功能的定位。質言之，終身學習社會不但應涵蓋傳統的學校教育和因故未能完成各級學校教育者再「回流」到學校接受教育，也涵蓋家庭與社會教育之範圍與內容。然而因為教育部未能對學校教育、回流教育與終身教育明確

的定位，也未建立其功能與範疇的共識，遂在提出終身教育與回流教育理念時，仍無法擺脫學校教育的傳統功能，甚至視學校教育爲義務教育階段的教育，以至於陷入窄化學校教育的窠臼，也使教育部在提及回流教育與終身教育之際，時有矛盾、時有語焉不詳之處。若終身教育、回流教育與學校教育之關係一直未能明確，可能使學校教育無法因應新時代的需求，發揮自主性功能，自定教學方向，而仍需符應教育部所規定之培養基本能力的訴求。此亦是筆者所以擔心學校教育在無所適從的情況下，難免成爲建立終身學習社會的阻石之處。反之，如果終身教育、回流教育與學校教育的理念與範疇能夠明確的釐清，則教育改革便較能順應時代潮流，不至於產生逆流現象或開時代的倒車，扼止學校教育功能多樣性與多元化的發展趨勢。

教育部在《邁向學習社會》一書中宣稱「學校教育的主要目的在於培養個人終身學習的習慣、態度、方法和技巧」與在該書中所規定之各級教育的重點有若干出入處。該書指陳各級教育重點如下：

> 各階段教育宜各有重點，相互連貫與銜接，形成有系統的有機體系。在初等教育階段，應側重基本智能的學習，包括語言理解、意見表達能力的養成；中等教育階段，型態應側重多樣化，才能適應個體多樣的才能，並應增加學習指導、提供課業補救、改變學習方向，及工讀交替的機會；高等教育除繼續在創造、保存和傳授高層次的知識上發揮作用之外，應向社會開放，承認正規教育系統外所獲得的能力和知識，教導新的學習方法，並提供回流教育機會。
>
> （教育部，1998，11）

由上述教育部對各級、各類教育目標與重點之指示，可見教育部有意建立起各級各類教育往縱的連接和橫的發展，作有機的相互連貫體系，此觀點並未明示各級各類之教育目的不會有重疊之處，也不表示各級各類教育不能發展各自的特色與重點。然而，令人費解的是，教育部公諸於世之各階段的教育重點或特色的判準與其主張終身學習社會之理念是否一致？如果答案是肯定的，那麼教育部應更明確化學校教育、回流教育與終身教育三者間之關係，方不致產生上一節中所擔心的無所適從現象，也不致使教育工作第一線的教師們因為教育目標的不明確，使各校依其對政策解讀之不同而各自為政，遂無法凝聚學校教育、回流教育與終身教育的共識，也使得各級各類教育目標難以彰顯，並與回流與終身教育之間產生斷層。

　　雖然不同學校、不同教師、不同學生對教育基本能力可能有不同的解讀，但是無可否認的，學校教育目標若不明確，將導致非正規與正式教育目標的區隔不明，而造成正規教育與非正規或正式教育間相互轉換的機制停擺，此種狀況可能導致學校教育、回流教育與終身學習無法達成教育資源分享、共享的理想。

　　舉例而言，如果高等教育認為是中等教育該教的內容，中等教育階段卻未教；同理，中等學校教師認為在國民教育階段該教者，在國民教育階段亦未教，此等現象是否在實施九年一貫課程之後就能獲得改善，筆者不敢妄下斷言。然而，學校教育是否該同時扮演傳統培養基本生活智能的教育，並兼顧回流與終身教育的責任與功能，乃首需釐清者，如此亦能使教育目標之一貫性與有機化的理想不再混沌不明，也方可能使學校教育、回流教育與終身學習社會相輔相成，而非各自為政。

　　析言之，初等教育所謂的基本知能難道就只是語言的理解與意見的表達能力或教育部所標示的十大基本智能嗎？難道中、高階段

的教育就不需再重視這些能力了嗎？同理，中等教育所側重的「適應個體多樣的才能，並應增加學習指導、提供課業補救、改變學習方向」，在初等與高等教育階段難道就不需要了嗎？再者，高等教育所重視的「應向社會開放，承認正規教育系統外所獲得的能力和知識，教導新的學習方法，並提供回流教育機會」目標，尤其回流教育部分，高等教育機構真的能完全獨立承擔嗎？果如此，則在中小學設置已有一段時日的補校教育，是否亦應交由高等教育機構來執行？對於找回中輟生、設立中途學校、長青學院等任務，又該歸屬於何級教育機構的「專賣店」？

此外，教育部既認定「新國民的陶塑已非單獨學校教育所能竟其功，需要非正規與非正式教育的加入。」（教育部，1998，11）則終身教育的理念應該是具整體性之學習社會，其理念即「活到老，學到老」的思想，而非將一切責任與教育的希望寄託於學校教育身上。此即所以教育部強調擬「將學校轉型為社區學習中心」之故（教育部，1998，13）。

然而教育部在鼓吹學校轉型的過程中，是否已清楚的界定學校正規教育與回流教育或終身教育間之界線，則是使學校教育與回流教育和終身學習社會能否有機的聯繫需要思考的重要課題。析言之，回流教育應為終身教育的一環；學校教育與回流教育則均屬終身教育的不同方式。但是，若回流教育一定得回到學校機構，則過了義務教育年齡者除了再回到學校受教育之外，便別無他途。果如此，則此等「超齡學生」所從事的教育，就機構而言屬於學校教育的一環，但若就其所接受之內容而言，卻未必一定得定位於培養基本生活智能之學校教育。由此可見，回流教育或可屬於學校教育，但學校教育必須突破局限於學習基本生活智能之框限。因此若硬將學校教育、回流教育與終身教育楚河漢界明確劃分，是否妥適？有否必要？其意義何在？實有待商榷。

同理，依據教育部頒之「建立回流教育制度方案」，其中規定受教的場所仍限於學校，此似乎又與終身教育應「兼重正規、非正規、非正式的教育，而且強調正規、非正規、非正式教育的結合」（教育部，1998，14）之理念背道而馳；另外，在「建立回流教育制度方案」中的第一則與第三則目標，分別規定：「保障所有國民有接受中等以上正規教育的權力，所有國民可於一生中自由選擇何時參與」（教育部，1998，49）此項規定亦有將終身教育窄化為學校教育或回流教育之嫌。就此而言，回流教育與終身教育因為仍得披上學校教育的外衣，故而與營建終身學習社會所欲擺脫之受到「正規學校教育」束縛的方式相背離，此亦可能成為教育發展趨勢的「逆流」。當然教育部並不排除學校教育之外的回流教育，故規定「教育機構（可以）採認企業員工工作資歷與能力，授與經驗學分。」但是，此規定是否也會造成回流教育、終身教育、推廣教育與成人教育間關係與角色的模糊？

教育部除了提出「建立回流教育制度方案」之外，尚提出「全面整合學習資訊方案」、「研究試辦發行終身教學習卡方案」、「放寬入學管道與調整課程教學方案」、「推動企業內學習組織方案」、「結合圖書館推動讀書會活動方案」、「普設終身學習場所方案」、「推廣全民外語學習方案」、「建立公務人力學習型組織方案」、「推展矯正機構內學習組織方案」、「推展學習型家庭方案」、「推展學習型社區方案」、「統整相關法規，研訂終身教育法方案」、「研究建立成就知能的認證制度方案」等方案。就上述方案言之，我們不難推論出政府建立終身學習社會之方式，乃採取由「他律至自律」的進程為之，即由證照、學習護照與文憑之頒發作為誘因，而非以激發學習者的認知性與自願性學習為鵠的，此亦是政府在倡導與營建終身學習社會之際，不可輕忽者。筆者所以有上述憂心，考其理由如次：

首先，上述方案雖是推展終身教育的方法，但是卻預設終身教育並非基於個人面臨發展的阻礙，或認識到自己無法與社會同步而產生的內在求知需求；反之，終身學習社會的營建是政府爲邁向開發國家過程中需要民衆配合的措施。其中又以「研究試辦發行終身教育學習卡方案」、「放寬入學管道與調整課程教學方案」及「研究建立成就知能的認證制度方案」等三大方案的他律性最明顯。例如，「試辦發行終身教育學習卡」、「放寬入學管道與調整課程教學」與「建立成就知能的認證制度」均屬於行爲主義所強調之獎賞與激發成就動機之策略運用，而非民衆認知到再學習的必要性與意義性之後所作的決定。果如此，則筆者質疑：上述方案是否只是政府爲了實現建立終身學習社會的工具或手段，而非旨在彰顯終身教育的意義！

　　若是終身學習乃因應二十一世紀的生活無可或缺者，那麼，何以民衆無法感受到此需求，而需要政府提供鼓勵方案增強民衆的求知慾？再者，各級教育若如「放寬入學管道與調整課程教學方案」所提的目標：「各級學校逐漸轉型爲終身學習教育機構……向全體民衆開放」，那麼學校教育是否會回到古代的「無學校的教育」？抑或將家庭、學校與社會教育結合起來，成爲「三合一」的教育？果如是，則教育還需要文憑嗎？教育是否會隨著上述方案的落實，再度回到「經驗傳承式」的「藝徒教育」？杜威的「做中學」與「教育即生活」的理念是否又將成爲教與學的主軸？此後的教育是否再也無需劃分層級？果如此，則繼之而來的問題是，教育品質的優劣將以何作爲判準？教育是否會再度回到因應工作與生活所需的實用教育？至於古希臘時期的「文雅教育」或十九世紀以降方興未艾的「通識教育」，是否也會因著終身教育方案的實施而壽終正寢？再者，終身教育理念的推展是否會使如在英國已面臨被迫關門的「夏山學校」死灰復燃？此等現象到底是二十一世紀的進步現

象？抑或是退化癥兆？

上文所提及的發展面向是否會如海克豪森（Jutta Heck-hausen）所言：個人在面對激劇變化的社會中，總能在其生命與外在環境取得一個平衡點。（Heckhausen, in Schwarzer (ed.), 1992, 107）若此，終身教育似已否定，至少是減低學校教育之必要性，故學校教育在倡導終身教育的同時，是否使學校教育反而走向退化之途？更甚者，如果一旦終身學習社會成功的營建起來，卻使學校教育功能因此被取代或萎縮，此是否我們推展回流與終身教育的初衷和預期的成果？

此外，如果爲了實施終身教育，而將文憑、證照、就業能力與生活知能劃上等號，則教育將難免再度落入工具理性的窠臼，也使教育爲政治與經濟做嫁裳的特質更爲突顯；果如此，則教育本質所應強調之人力素質的提升、自我學習態度的激發、對生命意義的彰顯與珍惜，以及成熟、負責的能力與人格特質的培養，亦難免隨著終身教育的愈形發展而愈見消弭。屆時政府企圖兼顧經濟富裕與人文關懷的夢可能就更難圓了。

筆者所以如此大膽的推論：回流與終身教育可能走上教育的逆流，一則基於上述對政府推展終身教育方案反省的結果，再則乃對於政府認定「開發國家在經濟富裕之後，莫不致力於改善全民發展的人文環境」之假設的懷疑。筆者認爲，經濟是否發展和人文關懷兩者間，未必存在正相關，亦難脫應然面與實然面所形成的落差。此現象亦可由台灣社會的教育發展史可以看到：經濟發展使人與人之間更爲疏離，而非更爲珍惜大自然，或更關懷人與人之間的關係。

於此筆者必須闡明，上述的反省並不表示筆者反對推展終身學習的社會或反對回流教育之實施。筆者所省思的是，我們是否迷失在全球性呼籲終身或回流教育的浪潮中，而未能掌握教育啓蒙人類理性與追求美好生活的終極關懷，以至於造成本末倒置或落入捨本

逐末又不知不覺的幻境中！

## 肆、回歸回流與終身教育的本質

　　基於現象學方法對回流與終身教育本質的描述與剖析，我們也可以檢視出目前台灣社會現象背後的價值觀，進而審視該價值觀的合理性，俾確立台灣社會呈顯之價值觀是否合理，以提供省思回流與終身教育實施的參照。

　　質言之，社會價值觀亦展現在個人或政府對教育活動實施所持的觀點，因而基於對台灣社會價值觀的反省，亦可反觀終身教育與回流教育的理念與政策是否有違其目標與本質，進而有助於回流與終身教育因應二十一世紀的潮流，並與正規學校教育相輔相成，使終身教育能引領民眾邁向新世紀，讓人類的經驗得以去蕪存菁。

　　從社會新聞報導中，我們總不難看到民眾為了不願意其子弟轉學而採取示威遊行；為了反對電場設立，進行抗爭活動；為了繼續當公娼所發動的厲聲喝斥；為了滿足慾念而作出輪姦、亂倫、情殺等情事；因為禁不起錢的誘惑而使出的綁票、運鈔車搶案、製造假護照或偽鈔和走私毒品等層出不窮的「新新聞」。然而這些事情在二十多年前的台灣社會都鮮少發生，甚至於令人無法想像、不可置信者，然而如今卻是屢見不鮮。這到底是怎麼一回事？難道人類真的愈活愈回去了嗎？難道教育真的像社會所指責的一般：不但無用，而且已是反教育了嗎?！

　　無論社會的指控是否有當，筆者認為，教育對今日社會的亂象應負的責任實在無可推卸！雖然筆者也無法確知我們的社會到底怎麼了？但是人們似乎早已將傳統價值觀完全拋諸腦後，不但如此，而且已形成一種「一人一把號，各吹各的調」之各自為政的疏離現

象。由此可見，社會價值觀的共識並未形成，而且一昧強調多元社會的結果，只製造出更多的差異性與非理性，卻未眞正重視主體性所具有的成熟與責任的生活態度。周玉蔻與黃義交，王文洋與呂安妮、Jo Jo 林等人的愛恨情仇之糾結難分；以及官員與民意代表的人品與道德低標等現象，在在讓多元社會不但無法彰顯民主相互尊重的本質，反而造成弱勢受到強勢宰制的假多元。一言以蔽之，主流社會價值觀未必基於理性溝通的結果，卻可能是強權下無奈的妥協。此正是台灣社會目前的猙獰面目，也難怪有人調侃道：目前的台灣社會是全世界最自由但無序的「樂土」，只是卻未必適合人類居住！

就應然面言之，教育不但應符應社會與民眾的需求，更應帶動社會進步。不幸的，台灣教育與政策的變革似乎總是符應社會需求，甚至與社會中的「瘋子」一起起鬨，卻少有彰顯教育帶動社會進步與導正社會風氣的功能。諸如上述所檢討的回流與終身教育，不但未能彰顯人力品質的提升，卻只重視人力品質與企業生產關係的高相關。（教育部，1998，26）此或許亦是有心奉獻教育工作者對教育產生無力感的原因之一（猶如本文前言中歐陽叔叔對社會現象淪落至此的感歎）。

於此，教育工作者實在應該再度思索教育的問題何在？教育的功能爲何？教育能否發揮理性啓蒙的功能？教育能否有助於人類建構其美好生活？一個人的一生中到底要受多少教育才算夠？學習是否一定要在學校方可進行？學校教育的效果是否永遠優於其他方式的教育效果？透過對回流教育本質之檢視與其定義的釐清，或許有助於釐清上述教育之本質問題。

若回流教育之本質只依據《成人教育辭典》之解釋，可能無法代表所有學者、教育工作者與教育政策制定者的論點，但至少其論點既有史的依據，又歸納了大部分學者的論點，故筆者仍先採用其

定義，再對之提出個人對該定義的批判，以檢視二十一世紀教育之發展趨勢。

《成人教育辭典》對回流教育之定義如下：

回流教育係指個人在其一生的大部分時間中，教育、工作、休閒三者輪替的發生；或學習活動在一生中因環境的改變而作間斷的發生。回流教育係一九七〇年以後起源於歐洲的一種教育思潮。它主張個人有權在終身中重回教育的行列。對於「回流教育」一詞，一般有兩種看法，一視爲繼續教育的一種型態；另一爲將教育視爲一種人權。回流教育的思想係一九六九年由瑞典教育部長巴莫（Palmer）所提出，他認爲教育不可能一次完成，個人在從事一段工作後，應重新接受教育，形成教育——工作——休閒的循環模式，以代替傳統的直線式生活型態。一九七〇年以後，國際經濟合作發展組織（Organization for Economic Co-operation and Development, OECD）亟力倡導此一理念，該組織以回流教育爲主題出版一系列的報告。回流教育常被視爲達成終身教育的一種策略，亦常與終身教育一詞交相爲用，而成爲終身教育的同義詞。（中華民國成人教育學會，1995，67-68）

由上述的定義，我們可以歸納出回流教育具下列五大特色：

1.回流教育等同於終身教育。
2.回流教育乃因應經濟發展所需之人力資源而提倡的教育思潮。
3.回流教育乃指個人有權在其一生中「重回」教育行列。

4.回流教育預設任何人不可能一次完成其教育。

5.回流教育乃在工作之後重新接受的再教育。


就此而言，教育部所提倡之回流教育乃相應於歐洲此教育思潮而來，故教育部亦認定「終身學習的社會要塑造具有新觀念、新知能、新生活型態的現代社會國民」，以因應未來的挑戰，開發個人潛能，促成個人的自我實現。（教育部，1998，11）然而此等特色的回流教育是否真能達成「因應未來的挑戰，開發個人潛能，促成個人的自我實現」之目的？何以奠基於經濟發展所需的回流教育可以逃脫經濟的束縛，而導向潛能開發與自我實現？再者，何以因著回流教育，個人就有能力適應成人生活？何以職業或工作的適應與發展，能因著回流教育而提升個人生活的品質？

總括言之，是否任何人透過回流教育，就必定可以適應新的社會？是否回流教育一定得在學校體系中實行？回流教育真的可以完全解決工作與生活之間產生的問題嗎？

史瑂塞斯特（R. Smethurst）於一九九五年曾闡明初等教育與終身教育之不同。他說：


我們必須考慮義務教育的目的在於使人們學會如何學，以及何以要學。原初的教育目的要關照到其後生活中能繼續進修的能力與習慣……因此初等教育並非是毫不痛苦的教育，但是初等教育之後，則需要使人不在學習上受到挫折，而需要鼓勵人們不斷的往前進步，一步步的完成其夢想，達成其心願，且在工作中勝任愉快……當然要達此境界，課程的設計與進修時間的拿捏是否妥當就是個關鍵。

（Smethurst, 1995, 43）

由上可推，若基礎教育未能建立終身學習的態度與習慣，則終身教育便無法落實。其實終身教育之實施應出自於個人自覺性的省思其所學不足，並自願、自發的想突破其所面對的困境，而由政府提供受教機會與學習可能的活動，此亦是何以基礎教育具強迫性，但是終身教育則需要讓學習者感到需要、興趣與成就感之故。就此論之，教育部的確考量到義務教育與終身學習間的關聯性，但是上文中論及終身教育與回流教育之關係所以尚未釐清，其關鍵乃在學習者是否於其基礎教育階段即已奠定了「活到老，學到老」的理念、能力與習慣；是否在其生涯中已深切的感受到不再學習已不可能的殘酷事實；以及是否已「看到」再學習的樂趣與益處。上述問題都是實施終身學習社會不可不去思量的課題，否則，終身學習將可能只流於形式或成為時尚，卻無法從根本建立起對該理念的本質、目的與作法。

　　回顧小時候，常看到那些只唸畢中學的長者，他們不但在其職位上得以獨當一面，勝任愉快，而且舉止言行亦是社會的表率，對於為人處事的細密與慎思，更令人心服口服。筆者實在難以想像這些人會對回流教育感到需求，但是筆者深信這些人都是在其生活中即不斷自我學習的一群。反觀自九年國民義務教育實施之後，升學考試的壓力乃隨之往後移到國中，大部分學生的學力卻也隨之往下降——不但國中畢業生無法獨當一面，甚至有人至國中三年級仍無法把自己的姓名完全寫正確。此種看似笑話，卻千真萬確的殘酷事實，卻荒謬的存在今日台灣的教育活動中。讀者只要造訪若干國中，便不難發現筆者所描述之教育的「慘狀」並非虛構，也毫不誇大。雖然我們不敢妄下斷言的推論這些現象都是延長國教惹的禍，但是此等現象也不得不讓我們質疑，延長義務教育的初衷是否如預期般的達成？延長義務教育到底是教育的功德還是缺德之舉？教育政策者與教育工作者是否齊心同力的對此提出省思？是否上述的問題讓

我們在決定教育政策時因而更加謹慎，也考慮到更廣、更深的面向。

近年來政府有感於教育的亟需改革與國際教育改革活動的如火如荼，也在國內掀起陣陣的教育改革熱潮——不但有官方版的教改，也有民間版的教革，好不熱鬧。這些改革的主要理念大致如下：教育鬆綁、學習權的保障、父母教育權的維護、教師專業自主權的維護等。上述理念所擬達成的目標是教育的現代化、滿足個人與社會的需求、邁向終身學習的社會及促進教育體系的改進。（行政院教育改革審議委員會，1996，摘2-5）由於本文的重點在於探討終身教育理念與其作法的合理性，故教育改革的其他面向於此便略而不論。

就教育改革總諮議報告書所言，終身教育所以成為教育改革的一環，乃因為目前台灣社會「終身教育體系尚未建立，成人及繼續教育無法有效推廣，以致專業學校教育的社會未能轉變為不分年齡與職業均可終身學習的社會，對民主自治的公民社會之形成，有相當不利的影響。」（行政院教育改革審議委員會，1996，摘4）由此可知，政府積極推展終身教育，乃鑑於成人與推廣教育之不振，以及民主社會中公民素養的不足，因而主張開放多元入學管道，以及隨之而來的終身學習理念與回流教育等措施。這些措施到底是否只是某一群人基於管見，基於政治、經濟效益的考量，而非基於達成教育目的與本質所採取之措施，實有加以省思之必要。

一言以蔽之，國內無論訂定回流教育或終身學習的教育政策，應該是基於協助人類倫理善之美好生活而行之，而非視教育為政治與經濟發展的工具所致。如果政府推展回流與終身教育並非基於上述應然面的目的，則回流與終身教育可能因此步上教育退化與逆流的回頭路，而無法促使教育機會均等，也非建立處處可學習、無處不是學校之環境，更非落實「活到老，學到老」之理念。就此而言，回流教育非但不是教育的救窮之策，反而是終結教育發展的瘟疫。

誠如吳德（E,M. Wood, 1991）曾提及之資本主義社會的警言：在危機時期，發生一種在過去一切時代看起來都好像是荒唐的社會瘟疫現象，即生產過剩。社會突然發現自己回到了一時的野蠻狀態；彷彿是一次飢荒、一場普遍的毀滅性戰爭，吞噬了社會的全部生活資料；彷彿是工業和商業全被毀滅了，這是什麼緣故？因為社會上文明過度、生活資料太多、工業和商業太發達。

吳德對社會進步的反省猶言在耳，今日先進國家所以倡導終身學習或回流教育的趨勢是否有古德所反省的現象，此可由各先進國家實施回流教育的數項啟示中得以檢證出來。國內學者胡夢鯨、鄧進權瞭解英、美等國之回流教育的措施與理念後所獲取的結論，筆者將其中之要者歸納如下：

1.回流教育乃為了建立教育與工作間交替進行之統整關係。

2.回流教育之實施得以有助於增加成人受教機會與教育資源的公平分配。

3.回流教育可以促使學校為正規學習場所的傳統觀念加速轉化，也打破教育「直達車」之傳統理念，並使學校更具彈性、更開放與更多元。（中華民國成人教育學會主編，1997，126-127）。

由上述結論我們可以理解，回流教育提倡之因乃基於對傳統學校教育之省思，而其終極的理想則旨在建立終身學習的社會。然而誠如本文第一、二節所述，學校教育的停損點難以定位；回流教育是終身學習社會的一環；是落實終身學習社會的策略之一；又是教育均等的措施之一。果如此，則回流教育與終身教育的目的似乎已遠離「二十一世紀的教育應以開發人類潛能之目標」（Chapman & Aspin, 1997, 142），卻只成為解決本世紀教育所發生之問題的手段。

回想人類的祖先只要傳承師傅所敎者，三年五載，頂多十年即可成師，自成一格，獨立經營；後來者也只要接受數年的學校敎育，即可自謀生活，懂得人情世故；或在私塾中接受有限的敎育之後，便能獨自在家十年寒窗苦讀，即可成爲飽學之士，還可能功成名就，或謀個敎職。反觀今日的社會，大家需要接受更多的敎育，方能謀得一官半職，兩者相較，實在令人噓欷！

　　政府慮及上述現象，體及民間失業疾苦，提出終身學習與回流敎育，甚至致力於將中輟生找回來，其用心不可不謂良苦。惟是否已理解今日社會所以成爲這種數十年前想也想不到的變化之主因何在？若未能將整個事件作歷史的透視，只截取現象就想一舉解決困境，則恐流於病急亂投醫，甚至於「一命嗚呼」之不幸後果。故此攸關全人類幸福的敎育改革，豈能隨政客或「經濟人」之瞎起鬨而跟著起舞？又豈能和他們一樣只追逐速成，卻罔顧敎育工作是良心工作與百年樹人的眞諦！

　　二十世紀敎育顯現的上述症狀，並非只是因應消費市場的需求，或生產過度所致；反而是因爲某些強勢、強權者主觀決定的後果，此所謂的強勢或強權者，簡約的說，指的是經濟或政治鬥爭的勝利者。我國九年國民義務敎育的斷然實施，便是個中一例。筆者並非認爲實施九年國民義務敎育是錯誤的，只是強調急就章式的敎育改革所負出之巨大社會成本。

　　考此等強勢與強權者之理念所以能夠存在且持續發展，與未基於眞民主的強權司法制度不無關係，因爲，一旦司法的訂定者不是透過審愼的民主論辯與溝通過程，而是代議政治下「封閉式」的多數暴力所決定，因而難以開放的、理性的兼顧公、私領域也是可以預見的後果。今日台灣人民所以不斷走上街頭抗議，以獲取自由主義的甜果——自主性決定的現象，正彰顯出扭曲民主的缺失。

　　惟此等扭曲式自由是能否創造出具理性的群衆？能否解決官僚

體制的宰制與僵化？能否使國家在自由市場競爭下不斷的進步，並使人民生活得更好？是否使人類將自己苦心經營之文化與歷史的長城，在刹那間就摧毀於一旦？是否人類的努力，不但未使國家經濟起飛，反而使社會的貧富更懸殊？均是仍待檢證者。

果若民主社會的自由使個人的生活更不自由，不僅無法為迷信自由萬歲的意識形態圓謊，也無法把人民帶上自由的正道之際，則學校教育、回流教育或終身教育的目的何在？再者，如果教育無法培養個人自我發展的能力，則學校、政府與社會雖未放棄個人，個人也可能自暴自棄。如斯，則政府在學校教育之外，提供回流教育與終身學習的機會又有何意義？！畢竟，改變自己命運的人是自己不是別人！

## 伍、結語

也許這眞是個充滿荒謬與吊詭的年代，而且在邁向二十一世紀之前，人類得先面臨危機四伏的千禧年，本文的討論並非否定回流教育或終身學習社會的價值，只是重新省思學校本身原初的目標——啓蒙人類理性以及傳承和創造文化與學術價值之功，是否在資本主義社會橫行的時代漸被忽略了，而且教育對此等時代的潮流，是否只有「無奈」、甚至於「不知不覺」的跟著時代走。當我們認為教育最好平均分配在人的一生中實施，且向全民開放，以減低學習者壓力之際，（教育部，建立高等教育回流教育體系實施方案，2）我們是否曾仔細的思考過其理由何在？是否思索過此等措施亦可能造成另一種形式的不平等——成為抹煞社會菁英的「威權式」教育？！此不禁讓我回想起勒溫以幽默的口吻對各國教育改革風氣所提出之警惕。他說：「在巴西亞馬遜河流域一棵樹下，不經意拍

動雙翅的一隻蝴蝶，卻意想不到的引起美國芝加哥市隨之產生一場大風暴；可是當這隻小蝴蝶再度展翅（想引起一場風暴時），世界卻又是出奇的平靜。」（Lewin, 1993, 11）勒溫的一席話是否也提醒所有關心台灣教育的朋友們，該在進行教育改革之前，好好的思考一下：何以需要改革？何以需要如此改革？改革的最大受益者為何人？何以此改革是最佳的措施與政策？此改革的時代價值與意義何在？

毋庸置言，教育活動為點滴工程，教育也不可能在萬事齊備下方進行改革，更何況教育改革並無法保證教育的絕對優質，但是能肯定的是，沒有改革卻永遠不可能有進步，除非我們能驗證今日的教育已是止於至善的局面！因此，因應時代潮流所提出的回流與終身教育可能成為教育層樓更上的第一步，但不當的措施與錯誤的改革方向，更可能使無辜的受教者遭到傷害。思及此，對於正在積極開展的回流教育與終身教育思潮，關心教育的朋友們又豈可漠視之！且讓有志之士，共體時艱，以此相互惕勵，期教育改革更臻合理！

## 參考文獻

1. 中華民國成人教育學會主編（1995），《成人教育辭典》，台北，中華民國成人教育學會。

2. 中華民國成人教育學會主編（1997），《回流教育》，台北，師大書苑。

3. 行政院教育改革審議委員會（1996），《教育改革審議總諮詢報告書》，行政院，行政院教育改革審議委員會。

4. 教育部（未載明日期），《建立高等教育回流教育體系實施方案》，台北，教育部。

5. 教育部（1998），《國民教育階段課程總綱綱要（草案）》，台北：教育部。

6. 教育部（1998），《邁向學習社會》，台北，教育部。

7. Chapman, J.D. & Aspin, D.N. (1997), *The School, the Community and Lifelong Learning*. London & Washington: Cassell.

8. Habermas, J., McCarthy, T. (trans.) (1975), *Legitimation Crisis*. Boston: Beacon Press.

9. Habermas, J., Rehg, W. (trans.) (1996), *Between Facts and Norms: contributions to a discourse theory of law and democracy*. Cambridge & Massachutts: The IMT Press.

10. Lewin, R. (1993), *Complexity-life at the edge of chaos*. London: J. M. Dent Ltd.

11. Schwarzer, R. (ed.) (1992), *Self-Efficacy: thought control of action*. Washington, Philadelphia and London: Hemisphere Publishing Corporation.

12.Smethurst, R. (1995) , "Education: a public or private good?", in *RSA Journal*, December, pp. 33-45.

13.Wood, E.M., *Democracy against Capitalism*. London, New York: Verso.

# 學校自主革新的問題分析

高強華

## 壹、前言

學校是現代社會中具有多重功能的正式組織。學校教育革新的
關鍵何在？未來中小學經營型態調整的具體作法爲何？學校組織的
革新與學校教育功能的發揮，如何激發共識共信？如何群策群力以
塑建願景？如何整合創新以提升績效？……凡此均是近年來關心教
育改革，提倡教育自由化或教育鬆綁理念者深切關注的主題，亦是
行政院教改會、教育部、教育專業人士和民間教改團體共同重視的
課題，值得深入地探究與分析。

## 貳、學校教育改革的背景

在《民主與教育》專書中，杜威（John Dewey, 1859～1952）
指出：「學校應該努力使學生獲致的經驗，應是具有下列要素的經
驗：處置各種資源和困難的實踐能力；合群性，或與人爲伍的興
趣；審美的興趣，或欣賞少數幾種藝術品的能力；處事的理智作
法，或對某幾門科學的興趣；對別人正當權利之敏感。」（p. 285-

286) 但是事實上達成前述教育理想的學校實在寥寥無幾。證諸近年來「教育自由化」、「開放教育」、「教育鬆綁」、「人本教育」、「教科書開放」、「教師自主」、「學校自主經營」等層出不窮的教改議題，學校如何在「舊教育」和「新教育」的對照區分之中朝向較新較好的經驗重組改造，如何提供更充實、完整與圓滿的學習經驗，無疑是辦學治校發展教育的首要課題。

　　事實上學校作為一種正式的組織，無論在靜態的結構或動態的功能上，數十年來累積了相當沉重的問題。諸如學校教育的目標未作切實有效的管理；學校的科層體制色彩濃厚，缺乏策略發展和管理計畫；學校缺乏與社會發展趨勢相符應的調整革新；學校系統的規劃失當；學校課程與教材的設計失衡；學校成員的分工或協調欠佳；學校氣氛或學校文化有待重新塑建；學校教育的品質績效欠缺合理客觀的評鑑；學校經費運用的成效不彰等，均使得教育改革或學校教育革新致力追求的卓越（excellence）、效率（efficiency）與公平（equity）等主題，成為世界各教育先進國家的教育共同目標。

# 叁、教育鬆綁與教育改革

　　根據行政院教育改革審議委員會歸納，當前的教育問題有待檢討的項目如下：

1.教育僵化惰性必須去除。
2.學校教育與社會需求脫節。
3.終身學習社會尚待建立。
4.教育機會均等亟需增進。

5.偏重智育的考試文化仍待導正。

6.課程、教材與評量方式亟待改進。

7.多元師資培育體系猶待改進。

8.教育資源運用效率有待提高。 (p.4-5)

　　教改會尤其強調長期戒嚴所致層層捆綁，九年國教興辦後的短期因應措施竟逐漸變成長期的管制，以及人力規劃主導技職育、教育行政權力過分集中等問題之嚴重。宜能藉由教育法規之檢討，對政策之評估，對行政單位之檢討等方式，儘快完成鬆綁。以中小學教育的鬆綁為例，具體的建議如下：

　　1.各級主管教育行政機關應成立「教育法規改革小組」，整理並大量簡化學校行政之相關辦法，進行實質的鬆綁工作，並推動以學校為中心之管理方式。

　　2.設置「學校諮議委員會」，由地方教育督學、教師、家長、社區人士及校長組成。其功能為諮詢、申訴、考核及參與校長遴選、協助訂定學校教育目標及與教育當局之溝通。此項設計必須先經由少數學校實驗，然後經立法程序訂定其組織與功能。

　　3.校長定位為首席教師兼行政主管，應重視教學領導，非教學部分之行政工作應予減少；校長應具教育理念及現代化管理知能，每聘任期為四年，得在原校連任。校長採遴聘制，遴選宜採委員會方式，而非一普遍參與式之普選。宜成立遴選委員會，依據評鑑結果進行遴選適當候選人，報請主管單位聘用。校長遴選辦法之訂定，宜邀請教育行政單位、學者、教師、社區參與為原則。

　　4.學校應有足夠自主與彈性空間，在最低標準之規範上規劃課程，以落實「教師共同經營課程」的辦學理念。另亦應減少智育課程，每週時數以不超過二十節為原則，至於增加之活動及空白課程

則由學校自行規劃。課程改革細節，應由相關人員進一步研究，以便落實，並研究出漸進改革之策略。應建立課程及教學評鑑制度，使課程能有持續改革的機制。

5.建立彈性獎金與薪給制度，以持續根據教師評鑑結果，獎勵優秀教師，淘汰不適任教師。

6.校長應享有對人事及會計主管之任免同意權，並在總人事經費額度之範圍內，得經由校務會議自行調整內部行政組織架構。在預算編列上宜以大項而非細目編製，在預算額度內享有更大彈性之流用權。 (p.29)

事實上教改會對於教育鬆綁的建議，尚包括教育行政體系的調整、中小學學校教育行政與教學之重整、教師的專業自主、高等教育的鬆綁、民間興學與辦學的鬆綁、社會觀念的鬆綁等。教改會並特別強調「在鬆綁的同時，也要強調自律與負責。鬆綁並非意謂毫無規範，而有效且正面的規範不僅需要外在的行政補強措施，更需從內部反省做起。在鬆綁之後，如何建立起自律與負責的心態，視鬆綁為一起始點而建立起對人的尊重，並發展出重視受教者主體性與學習權的教育措施，將是教育鬆綁後最重要的重建過程。」 (p.33)

理論上鬆綁是由集權 (centralization) 而分權 (decentralization) 的漸進歷程。集權是中央政府透過政策而對學校教育直接干預或控制的過程，分權則是賦予地方行政層級或學校對教育資源的分配運用。教改會對教育部之職掌之堅持回歸憲法，對諸如撥款、高等教育、學校教育及課程審議委員會等之設置建議，對行政程序之規範建議，對保障學生學習權，學校專業自主權之賦予，學校組織彈性化之建議等，以及對教師專業自主之肯定等，均是鬆綁前提下具體可行的改革措施。

# 肆、學校能轉變為學習型組織嗎？

　　教育鬆綁與學校革新或品質效率提升之間，教育專業成員的自主自律與實踐修練誠為關鍵的影響因素。著有《第五項修練》（*The Fifth Discipline-The Art and Practice of the Learning Organization*）的彼得・聖吉提出「學習型組織」的概念，認為一般組織中成員個別的智商雖然很高，組織整體智商卻可能因為組織的智障妨礙到組織的學習及成長。學習型組織則是一種不斷在學習與轉化的組織，其學習的起始點在組織成員個人、工作團隊、整體組織，甚至亦發生在與組織互動的社群中。而學習是一種持續性、策略性運用的過程，並與組織成員平日的工作相結合。此種組織學習的結果，將可導致組織成員知識、信念及行為的改變，並可強化組織創新和成長的動力。

　　教育部林清江部長亦曾提出類似的觀察：「當學校為很多聰明的個人所組織，學校組織卻有可能不聰明。即使是在選擇性很高的高中或高等學府，所有的組成份子包括教師與學生，智商都很高，但是學校的智商也可能降低。當任何一所學校忽略全面整體的教育功能，而僅發展偏狹的功能時，就會有智障的現象。當任何一所學校僅維持傳統的功能，而忽略了形成變遷社會中所需的新功能時，也會有智障的現象。」（民85）。

　　學校組織的智障緣於種種的學習障礙，彼得・聖吉列舉七項組織的學習障礙如下：

## ㈠本位主義思考 (I am my position)

　　由於受到組織專業分工的影響，組織成員只關注自己的工作內

容，形成局限一隅的思考模式。

## ㈡歸罪外在敵人 (the enemy is out there)

由於組織成員慣以片段思考推斷整體，當任務無法達成時，常歸咎於外在原因所造成，而不會先檢討自己。

## ㈢獨自負責的幻想 (the illusion of taking charge)

組織的領導者常認為自己應對危機提出解決方案以示負責，而忽略與其他組織成員共同思考解決問題。

## ㈣缺乏鮮活創意 (the fixation on events)

當組織產生問題時，大家通常只專注於事件或是問題本身，而忽略了事件或問題其實是經由緩慢、漸進的過程形成，只能以預測的方式提出解決方案，卻無法學會如何以更有創意的方式來解決問題。

## ㈤青蛙煮熟效應 (the parable of he boiled frog)

意指組織成員應保持高度的覺察能力，並且重視造成組織危機的那些緩慢形成的關鍵因素。

## ㈥經驗學習的錯覺 (the delusion of learning from experience)

組織中的許多重要決定的結果，往往延續許多年或十年後才會出現，因此，組織成員難以純從工作經驗中學習。

## ㈦管理團隊的迷思 (the myth of team management)

組織團隊係由不同的部門及具有專業經驗能力的成員所組成，

有時為維持團體凝聚力的表象，團體成員會抨擊不同意見的成員，久之，團隊成員即易喪失學習的能力。

至於克除前述學習障礙的方法，彼得‧聖吉倡導從事下列五項修練：

## ㈠系統思考 (system thinking)

為解決組織的問題，應摒除僵化、片段的思考方式，並以整體性的視野，觀察事件發生的環狀因素和互動關係，以及組織問題的一連串變化過程，而非片段的個別事件，避免為立即解決問題，而忽略了問題的整體性。

## ㈡自我精進或超越 (personal mastery)

培養組織成員自我挑戰的胸懷，確認擬達成的目標並全力以赴、專心致之；而當組織成員面臨挫折的情境時，其挫敗緊張的情緒正是激發個人創造力的來源，組織成員如能克服情緒性的退縮反應，並作適當的反省、調整和修正，則較易成功。

## ㈢改善心智模式 (improving mental models)

傳統科層組織的信條，強調管理、組織與控制；而學習型組織的信念，則是願景、價值觀及心智模式；唯有鼓勵組織成員有多樣化的觀點和意見，才能在意見交流或行動實踐的過程中，激發團體智慧凝聚共識。

## ㈣建立共享願景 (building shared vision)

建立共享願景是一種由下而上的組織溝通過程，而且願景的建立有其進階的指標，是一項永無止境的任務。

## (五)團隊學習（team learning）

建立團隊學習的關鍵在於組織成員間的「對話」（dialogue）和「討論」（discussion）的能力，此種對話強調以同中求異的原則來探索真理，透過對話能讓組織成員正視自己思維的障蔽，進而面對事實，並學會欣賞不同的意見，發展更高層的共識。（轉引自張明輝，民86)

前述五項修練具體運用在學校教育革新的各種議題或事項上，無論是五育均衡或全人發展的目標或理想，如何與師資素質、教學水準、社區資源和學生家庭教養結合，必須能有系統整體的瞭解。學校教職人員的人際互動、EQ或生涯問題、自我效能與專業成長方面的問題，亦宜能有自我精進或超越方面的期許和努力。至於教師「平凡的規範」或「追求卓越的典範」、「消極悲觀」或「樂觀進取」的心態、「排斥改革抗衡政策」或是「樂於創新慎謀對策」等問題，亦可以從思維方式或心智模式方面斟酌改進。尤其對於「教育鬆綁」、「帶好每位學生」、「暢通升學管道」、「提升教育品質」、「建立終身學習社會」等教改願景之塑造及落實，必須藉助教師會、教評會、家長會、教育行政專業人士及教育學術專業研究等多元途徑的協商對話、互助合作、群策群力、集體的學習與智慧方能融會為有效的行動方案。

# 伍、學校自主革新的特質與內涵

自主性（autonomy）針對個人而言，意指相信個人內在有權力，能選擇自己所定目標而獨立完成的自由，是訂定自己的工作目標，決定達到目標的方法，以及評鑑結果的充分自由（Parsons,

1985)。從組織方面而言,自主性是指獨立於外來控制的、自由選擇或決定達成工作目標的手段、時間、程序和步驟而言,是指組織的次級系統不受其他控制而自給自足、自由作決定 (Derrik, 1984)。近年來人文主義心理學家非常強調自主自律與自我實現的需要,諸如自主的學習 (autonomous learning)、自我導引的學習 (self-directed learning)、獨立學習 (independent learning)、開放學習 (open learning)、參與的學習 (participatory learning) 以及「學生為中心的學習」 (student centered learning) 等觀念及作法甚受重視,連帶亦使得「以學校為基礎的管理」 (school-based management) 或學校自主革新的理念日益受到肯定。

　　學校自主革新是世界性的教育改革趨勢。七〇年代以來的英、美、法、加拿大、紐西蘭、澳大利亞皆盛以學校本位經營的型式或策略來進行教育改革。英國的教育權力自一九八八年的教育改革法案以後,即由地方教育局 (Local Education Autority) 改變為賦予中小學校預算自主權,提升家長選擇權。紐西蘭的學校教育改革趨勢,亦包括減小或簡化教育部,取消地方教育當局,授權學校自主經營,其中包括由家長與教師所組成的董事會負責學校經營事宜 (Gorden, 1996)。澳大利亞的維多利亞省積極推展公立學校「自我管理」 (self-governing) 的建議,西澳大利亞亦有所謂「自我決定的學校」 (self- determining school),由以學校為中心的決策小組 (school-based decision-making groups) 提出學校發展的種種改進建議。簡言之,學校本位自主經營是一種取代學區或教育局集權式管理的替代選擇。意在藉由分權化 (decentralization)、普遍而廣泛的參與 (widespread involvement),以及分享式的參與決策 (shared decision-making),充分的授權 (empowerment),提升學校成員的擁有感 (ownership),達到學校自

主經營、自我革新以提升績效的目標和理想。

學校自主經營的目的或功能綜列如下：

# 一、提升學校的學業表現

學校本位管理之直接目的，在藉由學校組織的設計 (organizational design) 來改善學校的學業表現 (the academic performance of schools) (Ogawa & White, 1994)；且學校本位管理意指學區經營方式之改變，並藉由改變來提升公共教育的績效或品質 (Johnson & Boles, 1994)。

# 二、改善教學和學習環境

學校本位管理透過教師、家長及社區人士在預算、人事和課程方面所作之決定，為學生創造有效率的學習環境。White (1989) 即曾指出，學校本位管理的最終目標在為學生改進教學和學習環境。

# 三、提供學校教職員分享參與和決定權

學校本位管理乃是一種分權的組織結構 (decentralized organizational structure)，以往由教育局長 (superintendent) 和教育委員會 (school board) 作決定的權力，授權給地方學校的教師、校長、家長、社區人士和學生。

# 四、解決問題並提升效率

學校本位管理之目標在於效率和解決問題，學校必須被授與權

力和責任，以便立即解決問題。學校教職員，藉由提供權力、彈性和資源使其能解決所面臨的教育問題（David, 1989）。此外，學校須依據本身的特性且有效率的運用資源以實施教育活動。

## 五、重組行政責任並改變傳統權力結構

學校本位管理的目標不僅在重組行政責任（reorganize administrative responsibilities），且更以教師、行政官員、家長們所建立的新關係來改變傳統的權威結構（曾燦金，民84；White, 1989）。

至於學校自主經營的內涵或範圍，主要包括學校本位的預算（school-based budgeting），學校本位的人事（school-based personnel），以及學校本位的課程與教學（school-based curriculum and instruction）等，以下簡單敘述分析之。

## 一、學校本位預算

倡議學校本位預算的學者認為「學生有個別差異及不同的需求，因此學校為符合每個學生的需求，便須在預算計畫的發展上，綜合教育團體之意見，並排訂預算的優先順序。」（Simpson, 1977）Guthrie認為「學校本位預算的便利是學校可將剩餘的預算留置，以作為下年度的預算資金，不必繳回教育局，亦不影響下年度的預算總額。（1986）Barnes認為「學校本位預算提供學校成員、家長和社區民眾一個直接參與決定學校經費分配的機會。」（1989）在教育行政資源爭奪或重新分配的歷程之中，人事與財政權攸關權力、地位和權威影響。預算的控制掌握是課程與教學、人事自主作決定的基礎，能自由的運用預算，才是真正擁有權力。學

校本位預算係按照一定的比例公平的分配給各校經費總額，而學校如何運用此一總額，則授權由各校自行決定預算的優先順序，以合乎學校和學生的個別需要，且年度剩餘的預算，不必急於花盡，亦不必繳回，可留下作為下年度之用。學校本位預算的實施有三個重點：

1.由主管教育行政機關依經費的分配比率，給予各學校一筆年度預算總額（lump sums）。此一分配比率的計算標準是以各類學校的性質及各校學生的總人數來決定。

2.學校召集學校成員與家、社區人士一同參與預算編列的計畫，且在分配到的經費總額內，學校自行規劃預算細目和使用的優先順序。

3.若學校的年度預算有剩餘，則可保留至下年度繼續使用，不必繳回教育局，且不會影響下年度的預算總額。（林偉人，民87）

前述構想或原則在當前主計攬權獨大，中央集權心態一時難以改善，教科文預算下限之憲法保障條款取消的時代，尤其值得深省探究。特別值得注意的是「精省」以後中央與地方的權責猶待釐清，學校本位預算顯然是未來新世紀的嶄新課題。

## 二、學校本位人事

學校本位人事是將學校教職員的聘用、訓練等權力，授權給學校自行決定，其中關係教育人員素質的良莠，至為重大。Castetter認為「公共教育的成功，大部分和教育人員的素質及其實行任務的效率有關。」（1976）Lindelow指出：教育局要負責建立一個合格教師之人力資料庫（a pool of qualified applicants），以作為學

校選聘人員的資源，且校長須控制好學校的主要資源——教師，才能使教育計畫符合社區的需要與期望。（1981）Prasch認為「教育局應負責新任教師的申請和評鑑，使其達到學區教師聘用的標準，並將候用教師的名單列製成冊，則學校校長可從名單中選擇適當的人選來填補教師缺額。」（1984）

Murphy & Beck認為「學校有選聘教師的權力，亦可自行決定將預算用在聘僱教師或是購買書籍上，而學校社區的成員也具有聘僱校長的權力。」（1995）

張德銳的研究指出「學區僅負責甄募人員、收集應徵人員的資料、保存人事記錄及提供學校技術協助等工作，雖然學區有責任和工會以談判的方式來決定學校工作人員的薪資、福利、工作條件及申訴程序等，但各地方才握有人事任免權。」（民84）

學校除負責人事的聘任與解聘權外，還須著重人事經費的彈性應用、學校成員的發展和評鑑等，以期獲得高品質的學校成員，來投入教學過程，改善學生的學習，以促進學校達成教育目標。總而言之，學校本位人事管理的重點如下：

1.由教育行政機關負責教育人員的招募、考選的工作，以建立合格教師的名冊，學校則從名冊中，遴選適當的人選成為學校的教師。

2.學校擁有聘任和解聘的權力。

3.學校有彈性使用人事經費的權力。

4.學校可視自己的特殊需求聘請教師，不一定要合乎編制上的要求。

5.學校須負責學校成員的發展，如進修、訓練等工作，並應加以評鑑。（張弘勳，民86）

以往「師範教育法」時代學校人事自主有限，公費式計畫養成

的教師接受統一的分發調派。民國八十三年師資培育法公布施行以後，「教師人力資源庫」的概念逐漸發展。八十四年公布的教師法第十一條規定教師聘任分初聘、續聘及長期聘任，經教師評審委員會審查通過後由校長聘任之。惟校長和教評會對人事自主之共識共信如何建立？教評會代表是否果真本於專業自主，為學校發展或前途而擇聘教師等問題，猶待實證檢驗。

## 三、學校本位課程與教學

課程與教學是攸關學生學習最關鍵的因素。以往的課程悉依課程標準。教科書悉由國立編譯館統編，「不論是國小或國中的課程修訂，採取的模式都是先成立課程標準修訂委員會，網羅學者專家、民意代表、教育行政人員，學校教育人員等，擔任修訂委員，然後從委員中選擇十五人左右組成總綱修訂小組，研擬教育目標、教學科目與時數、實施通則，最後再成立各科課程標準修訂委員會，研擬各科教學目標、時間支配、教材大綱、教學通則等項目。」（黃政傑，民83）

Prasch主張「學區提供書面的課程目標，詳述教學計畫和可供參考的教學材料，而學校可運用不同的教學方法和材料。」（1984）Beaudette認為「學校較瞭解學生的需要，因此學校應獲得課程的授權，並對學生的學習負較大的責任。」（1987）Clune & White主張「學校為了達到教育的目標，學校教育人員應有自行決定教科書、學習活動、教學材料等選擇權。」（1993）Murphy & Beck認為學校授權的範圍愈大，則學校選擇教學方法，加強教職人員發展進修及評鑑教學成效的機會便愈多（1995）。

近年來教育自由化的呼籲或潮流之中，明顯有關課程革新的議題如母語教育、雙語教育、多元文化教育、兩性平權教育等，均應

是以學校本位為前提的訴求。其他諸如要求中小學教材之編輯由民間參與，要求檢討公民政治教材以因應兩岸新局勢，要求歷史、地理教材修訂以符合現實，要求廢止或改變軍訓護理課程，加強鄉土教材等，顯示出學校本位課程與教學的大勢所趨。教育部為革新國民中小學課程，八十六年成立「國民中小學課程發展專案小組」，一年後完成「九年一貫新課程綱要」。修正重點除以學習領域合科教學取代現行分科教學，以基本能力之培養作為課程設計核心架構外，特別強調提供學校及教師更多彈性教學自主空間。為有效規劃學校本位課程設計，各校應成立課程發展委員會及各學習領域課程小組。於學期初整體規畫，設計教學主題與教學活動，由教師依其專長進行教學。

## 陸、學校自主革新的成敗關鍵

　　傳統科層體制型態的學校，「在繁瑣的法令及統一的教材下，執行著相同而一致的制度與政策。因此學校注重形式、封閉、保守、僵化、缺少生機。當社會環境快速改變時，學校便顯得格格不入，無法滿足社會的需要」（教改會，民85）。許多有關學校社會學方面的研究，重點在於探討學校正式組織層面的種種問題，諸如管理結構或層級、權威或影響的性質、決策與溝通的歷程等。事實上組織結構方面無論是靜態的分析或動態的描繪建構，所能提供對學校組織特性的瞭解均是非常有限的。「學校教育法」果真研議公布是否真能提升學校教育的品質？當前的教師會、教評會或家長會無論其運作的模式或互動的歷程方面之瞭解，是否真能一窺學校教育的全貌？值得深省探究。

　　如果學校是社會的縮影，那麼今日社會政黨政治或政治生態的

特色亦可能具體而微地反映在學校的生態環境之中。似乎任何一所學校皆可區分為執政黨和在野黨，另外還包括一部分關鍵或游離的少數派。不同的黨派或次級團體之中均有資淺資深的問題，亦可能存在著利害衝突的問題，當然領導或決定、協調或溝通方面的問題更是難以避免的。不同的黨派之間存在著合作或競爭，矛盾與衝突交迭的動態的平衡關係。如此而期望學校能夠經由教師自發性的檢視評量，或專業成員的對話討論，形成自我成長自主革新的動力，其成敗的關鍵取決於下列問題或層面之有效轉化及統整：

## 一、學校行政組織科層化之調整

當前學校行政組織的科層結構已經漸漸在校園民主化及教改熱潮的衝擊之下轉型變革，學校行政部門、教師會及家長會的運作互動漸趨良性發展，未來諸如教育部內部組織之重新規劃，學校教育法之制定，學校內部權責區分及多元參與機制之設計，以及校長定位及遴選辦法新創等措施相繼改善，學校自主經營和自我革新的力量當能匯集聚合為教育革新的活水泉源。

## 二、教育行政專業自主性之提升

教育行政與一般人事主計行政明顯的差異，即是教育行政人員之價值觀、理想性和使命感必須能充分融會統整為教育專業認同，能夠有系統地運用教育知能和理論，藉著行政效能之提升以促進教育的革新。如果人事與會計種種法令規定束縛了教育的發展而形成層層管制，教育行政人員習以為常習焉不察而以權柄之在握自是自得，以事務行程序或手段阻隔教育發展之生機，則作繭自縛事倍功半進退失據之結局可以預料。

## 三、教師教、訓、輔統整意識之建立

　　教師是教育理念實踐教育改革成功的關鍵。不過如果教師缺乏責任意識，自我封閉，將自我角色萎縮退化到聯招考試制度下的猜題者、記分員、「教室過客」、「校園陌生人」、「社會旁觀者」，對蠅頭小利斤斤計較，對教改大事置之不理，如何而能日新又新，專業成長？所謂「建立教學、訓導、輔導整合的輔導新體制」事實上是大部分教師未盡人師本務，推卸責任，自我窄化的補救措施，在試辦實驗推廣運動期間即應積極發展教師評鑑制度，重建教師新形象。

## 四、現有法規及課程標準之鬆綁與新創

　　教育部為回應教改會教改總諮議報告書之建議事項，正積極修正教育法令及檢討教育行政體制上的種種問題，包括制定「教育基本法」，修訂「教育部組織法」，修訂「私立學校法」、「大學法」、「教師法」、「師資培育法」等，制定「原住民教育法」、「親職教育法」、「學校教育法」等，事實上重建新制和補強措施之研訂可以雙途併進，突破創新的境界是鬆綁以後教育專業成員自律負責，相互期勉激勵而共同創造的教育新氣象。

## 五、學校領導與決定品質之創新與提升

　　學校校長無論定位為「首席教師兼行政主管之角色」（教改會，民85，p.40）或是「學校的領航者」，總而言之，均應具備教育專業和現代經營組織領導與決定方面的知能。校長對學校的組織結

構、組織文化與氣氛、行政運作規範及歷程等，均應深明其特質精髓，善爲引導指點。尤其在政治生態複雜，社區條件錯綜，教育決策等變遷快速的時代，如何平衡教育行政與學校行政之特質，區隔教學行政與事務行政之殊異，兼顧倡導與關懷的行政效能，塑建優良的校風或傳統，激勵教師的改革意願等，均是新世紀校長的新挑戰。

## 柒、結語

　　二十一世紀新時代中的新學校，必須揚棄傳統缺乏目標意識，缺乏策略管理計畫，缺乏與社會發展趨勢相符應的調整革新之弊。尤其是於長期戒嚴層層法令束縛捆綁下的學校，功能萎縮，效率不彰，組織結構缺乏彈性調整與更新設計，教師之專業自主未能發揮，學校教育形式至上缺乏生機等，積弊深重，允宜徹底檢討，痛下針砭。

　　現有養護型（domesticated organization）的學校在開放多元的未來世界，必須走向開放與競爭，講究教育品質與行政效率。尤其必須導正偏重智育的教學文化，改進師資、教學、訓育與輔導評量的品質內涵。尤其必須提升學校成員的自主自律意識，積極有爲態度，激發教師的專業自主，組織的參與和承諾，提升教育工作的滿足感和成就動機。

　　學校本位的管理或自主革新是一種計畫性的、組織成員普遍參與的，分權分責積極人文取向的組織革新歷程。在後現代跨世紀的教育革新歷程之中，學校必須兼備學習型組織與教導型組織的雙重特質。尤其學校成員必須共同致力於系統思考、自我精進或超越、改善心智模式、建立共享願景與團隊學習等五項修練，在學校預算、

人事、課程與教學、輔導與管教學生等方面集思廣益，群策群力，塑建學校自主革新的共同願景，築夢踏實，創造下一世紀新生代的快樂與希望。

## 參考文獻

1. 行政院教育改革審議委員會（1996），《教育改革總諮議報告書》。

2. 林清江著（1996），《教育理念與教育發展》，台北，五南圖書出版公司。

3. 林偉人撰（1997），〈學校本位組織發展整合模式之研究〉，國立台灣師範大學教育研究所博士論文。

4. 高強華主編（1997），《學校教育革新專輯》，台北，國立台灣師範大學印行。

5. 黃政傑著（1993），《課程教學之變革》，台北，師大書苑。

6. 教育部（1998），教育改革行動方案。

7. 張明輝著（1998），《學校行政革新專輯》，台北，國立台灣師範大學。

8. 張德銳著（1995），《教育行政研究》，台北，五南圖書出版公司。

9. 張慶勳著（1996），《學校組織行為》，台北，五南圖書出版公司。

10. 曾燦金著（1996），〈美國學校本位管理及其在我國國民小學實施可行性之研究〉，台北市立師院初等教育研究所碩士論文。

11. Barnes, R. G. (1989): *School-based management at the K-6 level: overcoming blockages to implementation.* Seattle University.

12. Castetter, W. B. (1976). *The personnel function in educational administration.* (2nd). New York, Macmillan.

13. David-J. L. (1989): Synthesis of research on school-based

management. *Educational Leadership,* 46（8）. pp. 45-53.

14.Johnson, S. M. & Bole, K. C. （1994）: The role of teachers in school reform. In Mohrman S. A. & Wohlstetter, P. and Associates. *School-based management: Organizing for high performance.* San Francisco: Jossey-Bass.

15.Murphy, J. & Beck, L. G. （1995）: *School-based management as school reform: Taking stock.* Fhousands Oaks. CA: Corwin.

# 科技時代的公民教育

沈　六

## 壹、前言

　　公民 (civic education) 包含大部分人類的事務,而且可以許多的方式來實施。公民教育也被視爲是一項歷程 (process),在此歷程中,包括所有各種不同的影響力,這些影響力旨在塑造一個人具備其社會的公民觀念。因而,公民教育遠大於一門學科。它一部分來自正式的學校教育,一部分來自父母親的影響力,一部分也來自教室與家庭之外的學習。透過公民教育,協助青年們瞭解其國家的理想 (national ideals)、公眾的福祉和自治的歷程;同樣地,也協助青年們理解自由的眞諦,理解自由在國內與全世界的意義,理解自由對個人與團體的意義,理解自由在敎義與商業中的意義,理解自由在投票與日常行爲中的意義;也協助青年們瞭解憲法與權利法案所保障的人民的各種不同的自由權,以及瞭解伴隨著權利而產生且爲他們能單獨達成的公民責任 (civic responsibilities)。

　　尤有甚於前者,今日的公民教育在於尋求造就有知識的、具備分析能力的、願意奉行民主價值及積極地參與社會的公民。因爲公民教育是一項生活的歷程,而非一套傳遞給青年的不變信仰,它透過對變遷中的情境作積極地反應,以完成其目標。

當代由於工業技術與科學發展的結果，呈現給將成為未來公民的學生，以及實施公民教育的學校無比的挑戰。因此，僅限於學校公民與道德科所實施的狹義的公民教育，將不可能使學生準備應付未來他們將要面臨的成為公民（citizenship）的挑戰；代之者，當學校致力於使學生準備未來有效的參與社會時，學校將會發現實際上處處都是實施公民教育的機會，如在工藝或音樂欣賞課與公民課中、在生物課或政治討論群體與教室內，以及在與社區和其他學校的合作與在學校本身的課程中，這些皆有機會實施公民教育。

# 貳、公民教育

　　一位好公民必須學習發現事實、觀念和價值的方式。他必須發展出能力，以便知道發現知識、評價其價值，以及與他人溝通他的發現。但是，好公民不僅僅是空談，而是專注於做正確的與分析的判斷。然而沒有分析的知識是不足的；而分析思考的正確性依賴穩固的事實基礎；但在此兩項教育歷程之間的相互關係，則是有效地造就一位真正具有識別能力的公民所必要的，其一在於造就擁有健全判斷標準的公民；另一在於將所有新的觀念和情境歸之於在達成決定之前的強有力的鑑定能力。

　　但是知識和分析知識的能力，如果沒有公民以有意義的行動來表現他的觀念與信念，則也不是充足的。因為生命的最大目的不在於知識，而在於行動；具有自由傳統的民主社會的原則是否能成功的在現代化世界中實現，有賴生活於此世界中的人民的行動，因為人民如果沒有思想、行動與參與他們自己社區的生活，則民主社會就無法長期存在。

　　就知識、分析能力、忠誠（commitment）和有效的行動等範疇

而論，科技時代的公民教育在於培養學生具備下列的知識與能力。

## 一、解決問題的知識與技能

未來的公民需要現行的知識，以此知識，公民可以辨識其暫時性。以往學校的公民教育以學科知識為基礎，今日的公民德行 (civic virtues) 更可能來自現行的知識，而這些知識幾乎大部分可能從社會學或人類學的資源中獲得。

批判思考技巧也是公民要發展的重要技能，如探出和評鑑與即將到來的爭論性問題相關聯的證據；分析相互矛盾的爭論性問題的要素；以及評估利益團體的動機；瞭解宣傳者的方法和設計；在重要的證據未評估之前，保留其合理的決定，那時如果必須採取行動，則提出他將依循的工作假設；如果工作假設獲得證據的證明，則工作假設就可以修正。

對一位公民而言，上述的技巧在做決定時是相當重要的。這些技巧就是經由閱讀與聽力訓練聚集知識的技巧；也就是以邏輯組織與正確的評鑑方法來解釋知識的技巧；亦就是透過有效地述說與清晰地描述的方法以溝通知識的技巧。其他第三群技巧尚包含由於瞭解決定歷程，而能夠有效地運用群體參與的技術。例如，政府就是一項歷程，而非僅僅當作是一項結構，現今的學生應該有能力獲得對政府的真實觀點，並且鑑識政府的動力與人力要素。

## 二、認識當代科學的角色

技術與科學的進步貢獻於人類的福祉，同時也威脅我們社會與文化傳統性的穩定性。科學的昌明，人類已經能夠登陸月球，未來人類可以使用化學的方法，增加人類的智慧，也可以延長人類的平

均壽命到百歲。生物遺傳工程科技的進步，已經能夠複製動物，甚至人類。一位好公民應該認識人類在技術（technology）和科學的成就，而且也應該認識科技的進步已經對人類個人的生活品質與社會產生深遠的影響。不論它是改善或降低人類的生活品質，不論他帶給人類是新的自由或者是新的破壞，這些都依賴社會的抉擇。

## 三、有效經濟生活的準備

近年來企業管理技術的進步，帶給人類重大且複雜的經濟問題。例如，由於自動化與更有效率的生產技術的發明，減少了工作機會；相對的，新的人力資源又將投入工作行列。二者相衝擊之下，造成了經濟生活問題的複雜性。經濟安全與經濟機會成為國家健全發展的重要因素，同時，就業能力和教育也糾結在一起無法逃脫。

## 四、在變遷世界中的價值判斷能力

價值非行動的具體目標，但是它是選擇目標所依據的標準。在今日快速變遷的社會中，處處呈現給公民選擇價值的困境。雖然今日個別的公民生活在一個巨大的社群之中，但是個人時常會發現社群缺乏共同價值觀，個人正尋求一致性，以便個人在處理公眾事務中能達到和諧、方向與目的。尤其參與政治生活，首先需要認同與共享社群的價值觀，但是由於現代生活的複雜性和特殊性已侵蝕與破壞了這種關係。

由於時代的變遷，對人民的社會性格（social character）已有深遠的影響，這種影響曾被廣泛地注意到與研究過，但是在一個自由社會中，它對一位負責任的公民的涵義，並沒有受到適當地評價，或者在制定學校政策時，並沒有充分地加予考慮。在其他影響

方面的變遷，已增加個人獲得適當的內在自我感的困難度，此時代最顯著的一些社會事實就是暫時性、差異性和變動性。其結果對人類生活抱持著密切結合的與有意義的穩定的價值觀和生命感，這一代比起他們的上一代更難於獲得。

自我追尋是青年時期的中心工作，認同是青年時期的問題，如果青年時期無法獲得穩固的個人價值，以及在個人價值與行動之間取得一致，則自我追尋就是失敗的。不幸地，現代社會卻充滿這種現象，當青年進入成人階段，則成爲長期的不穩定、不安與不負責任的成人。

今日成人與青年所面對的困境大多來自社會快速變遷的結果，變遷產生在過去持續的價值與未來將浮現的價值之間的衝突，青年則處在此最困難的地位，青年時常被要求順從於似乎是互相衝突的價值，他的價值一部分相當正確地反應他的父母的判斷，對那些父母的判斷，他是不可能提出異議的；一部分則是他自己的獨立判斷，可是他卻又不可能充分的信賴自己的獨立判斷。

許多的困境持續到成人生活中，當社會的變遷導致在國家與家庭或區域之間的衝突時，即使是能夠充分統整的教師亦可能會有困難。衝突和不一致的存在並非人類智慧的失敗，但是在許多情況下，衝突則是痛苦的開始。因此，面對新的現實，則必須調適。

## 五、新的觀念、事實和生活方式的接納能力

此項的目標在於發展學生形成觀念、評鑑與行使職責的能力。人類已經花費好幾個世紀的時間來發展社會控制的方法，如宗教儀式、愛國的儀式、社會禁忌，藉由限制個人的衝動，以使得社會能有秩序的運作；然而，今日被認爲與當代民主與個人主義正相反的許多外在的控制，由於人類贊成瞭解、領悟、自律（self-discipline）

和自願的合作行為，而漸被揚棄。一個有活力的社會會在控制社會使其繼續運作，以及尋求改變力量二者之間求其平衡。

當人們剛遇到討論爭論性議題時，顯然地，對新的觀念常會感到厭煩，但是在新舊觀念之間的衝突也是逃不掉的，這種新舊觀念似乎也是不可避免的將構成社會和政治鬥爭的核心，如果學校能夠成功地使學生涉入處理新觀念的歷程中，則有可能減少分裂與破壞。因此，經由學習團體活動與獨立研究的技巧，則學生就能做較適當地爭論，而沒有不愉快的事情發生。

培養學生對新觀念的接納能力，雖然並非旨在培養學生立即接受新學說，因為此與堅定地抗拒革新是一樣的不適當，理想的情況就是保有開放的心胸，願意傾訴與考驗所有新舊計畫，而沒有偏見，且選擇那些與自己的原則最一致，以及對目前的情境最有效的計畫。如果接受這種目標就會願意在教室內討論見仁見智的爭論性議題。

許多人關心中等學校需要提供較多的新觀念。然而，就某種意義來說，所有各級教育都應該繼續提供新的觀念，而且那些觀念對學生而言也是新的，有時候對老師而言也是新的，以及偶爾對整個社區而言也是新的。但是在追求理想之中，顯然的卻需要良好的判斷，如對新觀念的接納能力。因為在一個國家之內，背景不一，有些觀念在某一社區可能是正常的與健全的；但是在另一社區可能是危險的改變。無論如何，良好的判斷與謹慎小心並非意謂不情願面對變遷世界的事實。

## 六、參與做決定

民主並不要求所有的人都是政治或公共政策的專家，因為如果

民主要求每一位公民，或每一位投票的公民，或甚至是大多數投票的公民瞭解與判斷在這個工業技術專門化、國際間相互牽連和相互依賴的時代，國家所遭遇的無數的複雜的爭論性問題，則民主將是不可能實現的。進一步而言，我們必須承認我們需要依賴專家，我們需要解除我們自己的迷惑，我們也必須承認我們的學生需要具有好公民需要知道與關心公共政策與制度的概念。

當數個備選的行動計畫都提及有關公共政策的主要爭論性議題時，公民都能夠參與質問、討論和辯論的歷程，然後導出決定。在一個民主的社會中，人民的權力依賴決定的重要性，而非由選民決定的數量。所謂民主就是一個競爭的政治制度，在此制度中，具有競爭能力的領導者和組織界定公共政策的備選方案，而在其決定過程中，公眾有機會參與做決定的歷程。此種參與（participation）就是一位良好公民的基本責任。也就是說，在一個民主的社會中，幫助形成完美的公共意見是一位公民的重要職責。所以公民參與的本質與品質應該受到更多的重視。那麼，公民應該具有哪些特質才能有效地幫助形成公共政策的決定：

1.公民經由反省（reflective）或批判思考（critical think-ing）來達成對公共問題的決定，並且以個別或以群體的形式來履行他的決定。

2.公民忠誠於民主的基本理想。

3.公民擁護保存民主傳統的既有規範與制度；然而，公民也隨時準備做改變，以配合新情境與新時代。

4.公民會評鑑公務人員服務的能力、誠實和關心公眾福利。

5.公民會假定一個包含各種知識的公共意見本身並不一定是良好的，他會根據此項假定來思考與行動。因此，他會相信良好的公共意見應該符合民主和人道主義的理想，並且堅持採用批判思考的

方法。

6.公民繼續地支持在國內鼓勵資訊自由的政策與措施，並且努力說服國際各國同意擴展實施這些政策與措施。

7.公民會考慮達成個人與群體決定的個人調適的因素。

## 七、公民信仰平等（equality）和自由

民主的觀念有兩項主要的意義，在某一方面，它就是自由或法治的政府，一個確保安全的行動體制，在此體制中，人民的意志能夠表現出來。在這一方面，強調個人的自然權利與有限的政府權力、權力的分離、公民的自由、法律以及自由與財產的保護。

第二方面，民主的觀念就是平等主義（egalitarian）。在這一方面，民主強調多數規則，民主呈現出人民解放的景象，以及人民努力爭取社會的平等。

## 八、國家的自尊心和國際間的合作

公民不需要陶醉於國家的每一方面，然而，公民必須以身為國家的一份子而引以為榮。公民藉由願意盡他的責任來展現身為國家公民的自豪，如公民願意去投票、服從法律、教育子女、瞭解國家的歷史傳統以及在存亡危急的時期願意保衛國家。

同時，一位善良的公民努力瞭解他國的人民對此世界的觀點及其發展，他並不要求所有的人都符合單一模式，他承認與賞識他國人民對世界文明的貢獻。

一位善良的公民認知人類的生存依賴全世界人類之間的和平關係，關心世界安危的公民，努力減少國際間的憎恨，以及加強國際間的合作與秩序，他與其同胞共同建立法律與秩序的世界。

在價值變遷的社會中，意識形態的衝突是不可避免的。有些人堅持傳統的形式；然而，另外一些人則擁抱較新的法則；有些人對國際間合作的速度感到高度的焦急；然而，另外有一些人堅決地守住國家主義的心態。所以，負責公民教育的教師，當討論到當前的各項問題時，不能輕易地忽略這些相互矛盾的爭論性議題，也不能僅僅熱衷於採行灌輸的方法。

## 九、創作的藝術與人文的覺察

公民在尋求自我發現（self-discovery）中，應該更加注意創作的藝術、音樂、繪畫、雕刻、文字和相關的領域。藝術幫助人類透過對人類經驗的感知而領悟人格的獨特性。

當個人對經驗和觀念有所感知，當個人能夠使某些事情對個人產生某種意義，或當個人能區別某些事情的差異，當個人能夠覺察到圍繞在他周圍的世界，並且希望去瞭解其世界時，這個人才有可能創造性的思考他自己或其世界。他的感性、價值、態度就是智慧之鑰，因為藝術直接促成感性的發展，就因此理由，藝術成為所有學識必要的成分。

公民應該努力擴大自己的眼光，以藝術的鏡子來觀看人類，並在此歷程中，發現他自己獨特的意像。透過藝術的成長，以加強公民觀念，亦可以充裕社區與國家的觀念。

## 十、憐憫的公民

每一個人都有責任把每一個其他的人當作「你」，而不當作「它」，那就是說把每一個人當作是同類的人，而不是當作政治、經濟或社會利用的物體。在這個愈來愈非人格化的時代，憐憫他人、

覺察他人的情感和需求是必不可少的。一位具有憐憫的公民瞭解到感知他人的情境是表現賢明的公民行為所必要的。

公民教育的概念包含知性的經驗,以及更多的經驗,包括透過內心的智慧所實施的各種高層次的教育。此種智慧深入探求事物的核心,它確立和諧 (harmony) 與滿足感,它創造平衡與願景,就因為有了智慧,教育成為生活方式而非空洞的理論。

## 十一、民主原則的發展與應用

公民確立原則 (principle) 當作民主行為 (democratic behavior) 的賢明的引導者,而非當作品行的頑固檢查者。公民哲學家 (citizen-philosopher) 的責任並不再明確地陳述合理化與包含範圍廣泛的制度,以發展一個適當的意識形態,以新的象徵與新鮮的語言來表達國家的文明。

然而,最重要的,公民將會轉化他的原則成為行動。一個國家的公民所要做的,就是瞭解、制定、實現從古老的文明所流傳下來的原則、學說 (doctrines) 和價值 (values) ,那就是說,將他們從理論與學說的領域轉變出來,而成為實施的領域,將他們從珍惜意見的主體變形為使人有活動與實施感覺的主體。甚且,公民必須根據他自己時代的基本問題,隨時繼續檢驗他的原則,並且在一個經常變遷的世界中,儘可能有效地應用這些原則。

## 叁、結語

公民教育乃是由社會與歷史發展交織而成,上述十一項可以歸納為三項主要領域,一為傳授知識的公民教育;二為培養分析與判

斷能力的公民教育；三為涵養忠誠與投入的公民教育。

　　人類的歷史在進入二十世紀的時代，由於民權運動的興起，民主主義的實施，公民教育即受到重視。迨至一九八○年代，人權運動更加擴張，民主主義盛行，加上國家觀念再次抬頭，公民需要負起社會與國家責任，同時，國際間互動頻繁與複雜，且其牽動性亦大，國際觀或世界觀儼然形成。因之，公民教育再度受到強調，可稱之為公民教育的復活。所以，未來二十一世紀科技高度發展的時代，公民教育仍將受民主共和政體國家與關懷世界和平與秩序的人類的重視，企求藉公民教育以培養公民負起民主責任，以實現國家的理想，並養成具有世界觀的世界公民。

# 參考文獻

1. Banks, James A (1997) . *Educating Citizens in a Multicultural Society.* New York: Teachers College Press.

2. Burstyn, Joan N. (Ed.) (1996) . *Educating Tomorrow's Valuable Citizen.* New York: State University of New York Press.

3. Butts. R. Freeman (1980) . *The Revival of Civic Learning: A Rationale for Citizenship Education in American Schools.* New York: A Publication of the Phi Delta Kappan Educational Foundation.

4. Butts. R. Freeman (1989) . *The Civic Mission in Educational Reform.* Stanford, CA: Hoover Institution Press.

5. Center for Civic Education (Ed.) (1994) . *National Standards for Civics and Government.* Calabasas, CA: Center for Civics Education.

6. Dagger, Richard (1997) . *Civic Virtues.* Oxford: Oxford University Press.

7. Engle, Shirley H. and Ochoa, Anna S. (1988) . *Education for Democratic Citizenship.* New York: Teachers College Press.

8. Henries, A. Doris Banks (1980) . *Civic for Liberian School.* New York: A Division of Macmillan Publishing Co..

9. Kennedy, Kerry J. (1997) . *Citizenship Education and the Modern State.* New York: Falmer Press.

10.Lynch. James (1992) . *Education for Citizenship in a Multicultural Society*. New York: Cassell.

11.Nie, Norman H. (1996) . *Education and Democratic Citizenship in America*. Chicago: University of Chicago Press.

12.Rotblat, Joseph (Ed.) (1997) . *Global Citizenship*. New York: Macmillan Press.

13.Saxena, D. N. (Ed.) (1988) . *Citizenship Development and Fundamental Duties*. New Delhi: Abhinav Publications.

# 關鍵年代的學校組織再造

張明輝

## 壹、前言

　　近一、二十年來，由於我國整體社會、政治及經濟環境的變遷，教育組織也產生若干變革。除了校園民主化的腳步持續加速邁進外，各級學校組織也出現「重建」（restructuring）或「再造」（reengineering）的現象。

　　在高等教育方面，由於教育行政機關大幅授權「大學自主」，各大學校院能彈性調整其組織架構，例如，設立分校、整合相關行政部門或成立公共關係部門等，以配合學校的實際需要及未來發展目標。

　　而在中小學教育方面，則是由於教師法等相關法令的陸續公布，使得中小學學校組織也隨之出現「再造」的現象。如學校教師會的成立、教評會的設置、家長會功能的提升等，改變了學校行政的運作型態；傳統科層組織（bureaucratic organization）的行政模式，已無法因應中小學學校組織變革的趨勢。

　　因此，學校組織的再造能否增進其面臨變革時或進行組織再造時之適應力，即是本文所要探討的課題。

# 貳、組織再造之意義與內涵

## 一、企業組織

Hammer和Champ（1993）將企業組織再造定義為「從根本上重新思考，並徹底重新設計企業的作業程序，以求改善成本、品質、服務與速度等重要的組織績效。」（引自吳心怡，民85: 1）。

企業組織再造必須打破傳統政策，全盤翻新。因此，對於傳統組織及其工作程序亦產生相當大的影響，茲分述如下：

### ㈠組織結構的改變

企業改造強調組織的扁平化，縮短決策的縱向過程，減少組織的中間階層，以增進高階主管與基層人員的接觸。並協助高階主管瞭解顧客需求。

### ㈡工作程序的改變

由於企業流程重新設計，以及組織扁平化的結果，增進了主管與員工的溝通，使員工能擺脫層級的限制。組織再造後，係以流程為主軸，排除過於瑣碎的工作，使員工的工作能涉及完整的流程；部門間的互動也因此增加，工作的方式也趨向於合作，員工的工作態度也轉為主動與積極（吳心怡，民85: 1-2）。

其次，「組織再造」的主要目的，是要將原本分散在各部門的工作，按照最有利於企業營運的作業流程重新組裝，使企業能因應變動市場的要求。「組織再造」改變的不只是作業流程，其他相關

因素如思考方式、組織結構、員工技能、權力分配、價值觀及管理制度等，亦均隨著流程的改造而有重大的變化。在本質上，「組織再造」被認為是為了維持組織的彈性和競爭力所作的組織改變之新典範（管康彥，民84: 3）。

至於企業組織再造後，對於企業人力資源管理方面的影響，則強調授權、團隊合作、管理者角逐的轉化及資訊科技的運用等，以取代傳統科層組織的運作模式，並整合組織與個人的需求，同時滿足顧客的需要，為企業組織創造最佳的績效。

## 二、政府組織

另一方面，除了企業組織面臨變革必須進行組織再造外，政府行政部門也同樣面臨必須轉型為顧客導向與為民服務之組織的壓力。在政府機關的再造方面亦有學者提出了「企業型政府」與「電子化政府」的改造方案。茲析述如下（管康彥，民84: 1-2）：

### ㈠企業型政府

政府是為民服務的機器，政府機構中所提供公共服務的行政人員，也是人民的公僕。為了提升民眾對於政府的滿意度，政府行政部門必須不斷提高行政效率，簡化與人民生活息息相關的戶政、地政、稅捐、監理等作業，並將政府服務觸角延伸至民眾經常出入的場所，更為彰顯便民的措施。另外，政府部門也可將部分工作交由民間企業去經營，以增進行政效率與整體政府的行政效能。

### ㈡電子化政府

將資訊科技應用在政府施政上，以提高行政效率，並塑造政府行政體系的新形象。例如，推動基層行政機關辦公室自動化、建立

與民眾間的雙向溝通管道、落實互動性施政資訊化體系，提供民眾電腦連線洽公的項目與功能、運用電子佈告欄提供民眾表達及申訴的管道等，以營造資訊化的智慧型政府，提升國家競爭力。

企業組織的再造與政府機構的再造，雖然在其本質及功能上有所差異，但卻是組織發展的共同趨勢，學校組織如何應用企業組織理論之原理原則，進行必要的再造，以提升學校教育效能，則有待進一步地分析與探討。

# 叁、學校組織再造之背景因素與內涵

## 一、影響學校組織再造之主要背景因素

二十世紀五○年代以後，世界各主要國家由於教育水準低落、青少年問題嚴重、升學壓力過大、經濟不振、國際競爭失利和教育機會不均等各項因素之影響，紛紛致力於教育改革，並以追求卓越和均等為教育改革的目標（謝文全，民85: 327-328）。

然教育改革必須仰賴學校教育的實質改革，才能落實其成效。茲以美國和我國為例，進一步析述影響「學校組織再造」之背景因素：

### ㈠美國

美國自從一九八三年，「全國卓越教育委員會」（National Commission on Excellence in Education）提出「國家在危機之中」（A Nation at Risk）的教育改革報告書之後，即展開全美教育改革的努力。

一九八九年，Bush總統提出六項國家教育目標，並提出提升學生學業成就十年長期計畫；另外，在Clinton總統和現任教育部長Riley的努力之下，美國國會通過「目標2000年法案」（Goal 2000：Educate America Act in 1994）。各州則紛紛提出教育改革計畫，申請聯邦教育部的經費補助，以期達成提升學校教育水準的目標。

　　其次，「學校教育標準化運動」（School Education Standard Movement）則是另一項重要的背景因素，此一運動引起全美廣泛的重視，其主要內容為重視學生評量和學生學業成就的提升。

　　再者，促使學校組織再造的另一項背景因素，則為聯邦教育部「鬆綁」（deregulation）以及「授權」（empowerment）的政策，在此項政策的導引之下，聯邦教育部進一步加強對「地方教育董事會」（Local Board of Education）的授權，以及實施「學校本位管理」（school-based management）等政策，使美國各級學校特別是中小學有了「學校組織再造」的發展空間。

### (二)我國

　　民國八十三年四月，「民間教育改造聯盟」發起四一○教改大遊行，提出教育改革四大訴求，揭開了教育改革的序幕。隨後，教育部召開第七次教育會議，並於八十四年二月公布「中華民國教育報告書」：八十三年九月「行政院教育改革審議委員會」（以下簡稱行政院教改會）成立，積極推動教育改革工作。八十五年十二月，行政院教改會完成階段性任務，行政院隨即成立跨部會之「行政院教育改革推動小組」；八十六年七月，教育部擬訂「教育改革總體計畫綱要」據以推動，教育改革工作至此全面展開。

　　八十七年二月，現任教育部林部長清江就任後，規劃推動十項重大教育政策，並提出「教育改革行動方案」，決定自八十八學年

度起斥資一千五百七十一億餘元經費，推動各項教育改革工作。

　　根據上述我國近年來教育改革的沿革，其中，「行政院敎改會」第二、三期諮議報告書及林部長淸江的十項重大敎育政策，均與「學校組織再造」有關。茲分述如次：

　　1.行政院敎改會第二期諮議報告書與學校組織再造有關之內容第二章第五節「大學之運作」　參、改革建議（行政院敎改會，民84: 47）

　　　　(1)應確立大學自主的範圍，並予以尊重。

　　　　(2)大學內部民主運作的制度化。

　　2.行政院敎改會第三期諮議報告書與學校組織再造有關之內容：

　　　　第二章第四節「調整中小學學校經營策略」參、改革建議（行政院敎改會，民85: 59-60）

　　　　(1)推動以學校為中心的管理。

　　　　(2)加強學校與社區結合。

　　　　(3)建立校長遴選制度。

　　　　(4)規劃縮小學校班級規模。

　　3.林部長十項重大敎育政策與學校組織再造有關之內容（敎育部秘書處，民87: 34-35）

　　　　(1)降低國民中小學班級學生人數，並同時提升小班敎學品
　　　　　　質。

　　　　(2)規劃設立社區學院。

　　　　(3)建立敎訓輔三合一輔導新體制。

　　　　(4)推動資訊敎育基礎建設計畫。

　　上述政策必須配合「學校組織再造」，以提升政策之執行成

效。此外，民國八十四年八月「教師法」公布實施，隔年八月中小學開始成立「學校教師會」及設置「教評會」，也是影響「學校組織改造」的另一項背景因素。

## 二、學校組織再造之內涵

學校組織再造，顧名思義乃改變學校組織架構及運作方式，以因應改革需要。然而，縱觀國內外有關學校組織再造的文獻，卻發現各國對學校組織再造的具體作法，亦有其差異之處。

以我國的情形而言，組織改造較為偏重行政組織的調整；而美國則兼重行政措施的調整和教學層面的改革，並有側重教學相關事務改革的情形。茲亦析述如次：

### ㈠美國

美國在二十世紀初期，學校行政運作型態仍以科層組織決策模式為主，而最近的改革努力則集中在「學校組織的再造」 (reengineering the school organization)。教育行政機關也改變其控制焦點，而進行對教師家長甚至學生的授權、提倡課程的現代化、提升學生畢業成績水準、追求更公平的學校經費分配、開發其他類型的學校，如委辦學校 (Charter School) 和磁力學校 (Magnet School) 等。

其次，以美國學校組織再造的內涵而言，至少包括了學校目標與任務、組織與管理、課程、教學、經費和其他相關校外機構之參與等。而其常用的再造策略則包括：學校本位管理、分享決定、成果本位、課程的延伸和綜合等。

Coleman (1995) 曾經分析「行政導向」 (administratively-driven) 和「成果導向」 (output-driven) 兩種學校組織再造的

架構，他指出現代的學校應兼具上述兩種特徵，並主張學校組織的再造，應融入學校硬體設施的改變、學校組織目的改變，使學校組織的再造能朝著「成就導向設計」（achievement-oriented design），學校組織將會更具效能（Hallinan, 1995:2-3）。

Newmann和Wehlage（1955）在一篇名為〈成功的學校重組〉（Successful School Restructuring）的研究報告中，亦指出學校組織的再造應重視下列三項策略（Newmann&Wehlage, 1995）：

1.設定高水準的學業成就標準。
2.提供持續、全校性的專業發展活動。
3.鬆綁以增進學校的自主性。

再者，以美國當前有關「學校組織再造」的具體內涵而言，可包括下列各項（Tewel, 1995: 75-94）：

1.共同參與學校管理。
2.學校本位管理。
3.學校本位預算制度。
4.校中有校（school in school為Charter School類型之一）
5.教學型態的再造：
　　(1)合作學習。
　　(2)成果本位教學。
　　(3)學校──工作的轉移。
　　(4)科際教學。
　　(5)彈性評量技術。
　　(6)學生組合。

至於,個別學校如何實施其再造計畫?Sirotnik (1987) 指出,學校改革必須著眼自學校組織再造的基礎層面,其中,教師為擁有第一手改造經驗的代理人。因此,學校基層人員應為學校組織再造的核心人物。Harvey和Crandall (1988) 則進一步指出學校組織再造,應經由下列各階段: (Klauke, 1995)

1.建立遠景。

2.建立目標優先順序和策略。

3.決定資源和排除障礙。

4.預測政策衝突和發展一般性的程序。

5.準備和修正執行計畫。

6.進行組織的再造。

### ㈡我國

我國「學校組織再造」的具體內涵,較為側重學校行政組織的變革。就實際的組織再造而言,近年來,由於教育改革有關「教育鬆綁」理念的導引,我國各級學校在組織方面也產生了一些變革。茲分述如下:

1.大學校院:在大學校院方面,由於教育部充分尊重「大學自主」,各大學可依實際需要修訂組織規程,並經教育部備查即可。因此,也突破了過去各國立大學組織規程千篇一律的現象,各大學可以稍為顯現其特色。至於,私立大學則更具彈性。各大學校院的校、院長和學術行政主管人員,也依照「大學法」規定,經由遴選或民主程序產生。此種經由遴選或投票產生的學術主管和校長遴聘的行政主管,彼此互動的結果,也改變了學校組織氣氛和組織文化;並且深深影響大學之行政運作型態。

2.中小學校：在中小學教育方面，由於民國八十四年「教師法」公布實施之後，依該法之規定，各中小學可成立「學校教師會」，而在聘用教師時，也應設置「教評會」負責遴聘。因此，教師組織已從「非正式組織」為主的型態，轉變為以「正式組織」為主的運作型態。並且，對於中小學學校行政亦有其一定程度的影響。

其次，中小學「家長會」的組織及其功能，在民國八十四年以後，也有了重要的突破。亦即，家長會除了財務獨立外，不再是學校行政的附屬單位。家長會可對外行文，並且可以成立跨校性質的組織，家長會從此在學校行政組織中佔了一席之地。

復以，近年來，「家長參與學校事務」（parent involvement）以及「家長義工制度」的建立，更使家長會成為學校與社區互動的資源，對於學校組織再造也能發揮一定的作用。

由上述可知，學校行政部門、教師會及教評會等教師組織及家長會，已成為中小學學校組織再造過程中，三股重要的影響力，其所建構三足鼎立的組織架構，更成為未來學校組織再造必須依循的模式。

## 肆、資訊科技與學校組織再造

除了上述學校組織再造的內涵之外，資訊科技（Information Technology, IT）在學校組織再造的應用，則是未來學校組織再造所必須面對的另一項重要課題。茲就其可能的發展趨勢加以析述如次：

# 一、衛星學校計畫

「衛星學校計畫」(Star School Program),係透過電子通訊科技 (telecommunication)、電腦網路 (computer network)、衛星教育資源 (satellite education resource)、多媒體應用科技 (multi-media application) 及遠距教學 (distance learning) 等方式的學習,以提升中、小學學生之數學、科學及外國語文程度;另外,也對文化不利地區、語言溝通能力不佳及擬學習職業技能的一般民眾提供服務。

美國此項計畫所服務的對象,已超過六千所學校,約有一百六十萬名學生、教師、家長及其他有關的人員參與此項計畫,如果加上沒有註冊登記的人員,此項計畫的受惠者尚不止此數。「衛星學校計畫」的特色,主要包括下列各項:

1.「衛星學校計畫」為美國最大型的公私立機構合作完成的網路學習計畫,參與合作的單位包括學校、學區、州教育廳、通訊科技部門、大學、社區服務中心等。上述單位共同參加開發建立教育方面的資訊高速公路 (information superhighway)。

2.「衛星學校計畫」提供全球性之多媒體應用課程,包括學期課程、教學單元、特殊主題之遠距視訊會議 (teleconference) 錄影帶、電子佈告欄 (BBS) 和線上資源 (online resource) 等服務。

3.「衛星學校計畫」為一項專業成長計畫 (professional development program),提供教師、行政人員、教育決策人士和其他關心教育人士的進修內容。

4.「衛星學校計畫」為一項全國性變遷過程 (change process) 的研究計畫,確立科技和通訊科技在學校改革中的角色,並檢

視運用科技之變通方案的評鑑策略。

　　5.「衛星學校計畫」協調州政府和地方學區以最佳的科技和投資，建立資訊高速公路系統。

　　此項「衛星學校計畫」係由美國聯邦教育部「科技應用小組」(Technology Application Team) 所負責規劃和執行，並由 Johe Tolliver負責領導。

　　美國衛星學校計畫呈現出資訊時代的教學新模式，運用區域網路 (Local Area Network, LAN)、國際網際網路、多媒體、合作軟體環境 (Collaborative Software Environment) 及遠距教學 (Distance Learning) 等多種教學科技，也孕育出新一代的教學理念。

　　但是，從該項計畫的執行過程和成效來看，教材的設計、師資的培訓和教學模式的改變，應是決定成敗的關鍵所在。因此，如何培養教師團隊合作的習慣，教師角色如何轉變成為知識的運用者、分工者及仲介者，應是未來師資培訓的重點。

　　另一方面，從美國衛星學校計畫的經驗中，也可以發現遠距教學有其教學上的限制，無法完全取代傳統教學模式中師生互動的優點及功能，也是值得研究改進的重點。　（張明輝，民86: 215-233）

## 二、虛擬學校計畫

　　「虛擬學校計畫」(Virtual School Program)，係以傳送即時視訊為主，讓師生可以藉由電腦螢幕面對面溝通的「遠距教學」，其固然是網路教學的理想，但由於網路頻寬及週邊設備的限制，在使用上及推廣上都存在相當大的瓶頸。

　　而目前在網際網路上，即存在著許多各式各樣有別於使用「遠

距教學」的「虛擬學校」，以各種檔案格式供網路使用者各取所需。除了較爲傳統的電腦類、語文類、還包括企業管理類、美術類、數學類、自然科學類、新聞類等各系科。

美國的虛擬學校網站，如「虛擬藝術學校」（The Virtual Art School）、「加州大學推廣教育線上課程」等（陳世斌、陶振超，民86）。

我國近年來資訊科技在中小學發展十分迅速，最近，即有一項有關「虛擬學校」的計畫出現：該計畫由教育部與國科會提供經費，在資訊工業策進會「資訊科學展示中心」建置「虛擬學校」——「天空裏的教室」。包括：教學區、圖書館區、佈告欄、課外活動、福利社、會議室、輔導室等九大單位，協助幼稚園和小學學童學習新資訊。（網址爲：http://www.istec.iii.org.tw；1998.6.30.聯合晚報，第12版）

## 三、資訊科技在學校行政的應用

資訊科技在學校行政的應用，傳統以來並不多見，但是近年來開始有了轉變。例如，行政與教學績效評量（performance-based assessment）、教師專業能力發展（professional development）及教師職前訓練（teacher preservice training）等。

另外，學校與社區的聯繫，如美國德州奧斯汀Zevala小學之課後輔導計畫（after-school program），家長即透過電腦完成參與學生課業輔導的工作（李勝富，民87a）。

再者，我國台北市將從八十七年五月起，陸續試辦「家庭聯絡簿網路作業」，預計三年內將有七萬名學生的家長，參與這項國中小家庭聯絡簿實驗先導計畫。參與實驗的各班教師，在每天放學下班前，將家庭作業內容、成績紀錄或特別提醒事項，輸入學校網路。

擁有帳號與密碼的學生家長，則從家中上網，進入學校的家庭聯絡簿系統，瞭解子女的在校情況，同時也可透過電子郵件信箱和老師交換意見。

有的中小學利用電子信箱來建立學生、家長、老師和學校之間的聯絡管道；有的學校將學校行政系統電腦化，讓家長、學生都可以查詢，有的學校亦可做到和大學一樣，透過電子郵件交作業（吳怡靜，民87b）。

## 四、資訊科技在教學上的應用

資訊科技在教學上的應用，可以包括：「電腦輔助教學」（Computer- Aided Instruction）、「網路系統」（Network System）、「遠距教學」及「多媒體科技」（Multimedia Technology）等。這些新科技在教學上的應用，也同時改造了學校原已建構的教學和學習組織。

美國Clinton總統曾於1996年的國情咨文中，宣示將推動各學校與國家資訊高速公路相連接，並提出為期五年經費高達二十億美元的「全國中小學科技智能挑戰補助方案」（Technology Literacy Challenge Fund），具體勾勒出二十一世紀美國下一代所應具備之科技智能的藍圖。美國各州教育人士也於一九九六年春天發起一項「九六年網路日」（Netday96）的運動，喚起各界人士積極投入資訊高速公路的建設（李勝富，民87b）。

我國也正積極推動網路科技在教學上的應用，新竹科學園區實驗中學於民國八十七年三月引進中研院電通所開發之「網路隨選視訊互動教學系統」（Video-on-Demand ,VOD），教師於教室中，可隨時在電腦上點播影片或其他多媒體資料。亦可透過網路進行「隨選視訊教學」、「隨選視訊簡報」、「視訊教材管理」等；電

子討論區則可讓「家庭聯絡簿」上網，促進教師和家長的雙向溝通。

教師在此一型態的教學中，享有極高的教學自主權，並可帶動網路教學的風氣，師生互動將更為活潑（87.6.30.《中國時報》，資訊週報）。

## 伍、結語

綜上所述，「學校組織再造」乃「組織再造」的類型之一，由於教育組織本質上較為穩定，不易產生如企業組織般急劇變革之情形。然就學校組織變革之背景因素而言，教育組織受到整體外在環境變化之影響，也必須採取若干因應策略，以維持一定的教育成效。因此，「學校組織再造」通常以被動採取因應策略者為多。

其次，影響學校組織再造的背景因素，應可歸納為解決現有學校教育問題，及提升學校教育成效兩項。另外，相關法令的公布實施、教育行政機關的鬆綁和授權政策，均提供了學校組織再造的空間。

再者，就學校組織再造的內涵而分析，其再造的層面，並不僅限於行政組織架構和行政運作程序的調整，其中更有許多環節和學校的教學層面密切相關；特別是有關教學型態的改造，並強調以提升學生的學業成就為學校組織再造的目標。

至於學校組織再造的常用策略，則包括：學校本位管理、參與管理、分享決定、成果本位等，充分展現學校自主的特性。

此外，資訊科技在未來學校組織再造的過程中，將扮演重要的角色。因此，如何將電腦、多媒體及網路科技與學校組織再造的流程與內涵相結合，以提升學校行政與教學的效能，則是未來學校組

織再造需要努力達成的目標。

　　面對未來學校組織再造之發展趨勢，教育行政主管機關如能進一步鬆綁與授權，由各校依其組織再造的不同需求，自行選擇改造策略及作法，則將更有助於加速學校組織再造的進程，以及提升學校教育的成效。

# 參考文獻

1. 行政院教育改革審議委員會（民84），《第二期諮議報告書》，台北，行政院教改會。

2. 行政院教育改革審議委員會（民85），《第三期諮議報告書》，台北，行政院教改會。

3. 李勝富（民87a），科技與教育改革，〔WWW page〕URL http://www.housoncul.org/tcsdir/ecs/ibmtech.txt（visited 5 March 1998）.

4. 李勝富（民87b），科技在教學上的應用，〔WWW page〕URL http://www.housoncul.org/tcsdir/ecs/ibmtech.txt（visited 5 March 1998）.

5. 吳心怡（民85），企業再造下的人力資源管理變革，〔WWW page〕URL http://imgrad.mgt.ncu.edu.tw/anita/bpr.html（visited 28 June 1998）.

6. 吳怡靜（民87b），聯絡學校家長請上網，〔WWW page〕URL http://www. cw.com.tw/magazine/200-9/202/202b3.htm（visited 3 June 1998）.

7. 陳世斌、陶振超（民87），虛擬學校──終身學習新利器，〔WWW pag〕URL http://www.cw.com.tw/magazine/190-9/191/191b3.htm（visited 4 July 1998）.

8. 張明輝（民86），〈美國衛星學校計畫〉，載於高強華主編：《學校教育革新專輯》，頁215-233。台北：台灣師大。

9. 管彥康（民86），顧客導向與服務觀念之企業型政府建構：成功民營企業改造之借鏡，〔WWW page〕URL http://www.moea.gov.tw/～ecobook/season/sp031.htm（visited 1 July

1998)．

10.詹宏志（民86），〈遠距夥伴與虛擬團隊〉，載於鄭懷超譯：《虛擬團隊》，頁I-III，台北，商周出版公司。

11.鄭懷超譯（民86），《虛擬團隊》，台北，商周出版公司。

12.謝文全（民85），〈各國教育改革之綜合比較〉，載於黃政傑主編：《各國教育改革動向》，頁325-342，台北，師大書苑。

13.Elmore, R.F.；Peterson, P.L., & McCarthey, S.J. (1996)，*Restructuring in the Classroom : Teaching, Learning, and School Organization, San* Francisco: Jossey-Bass.

14.Fullan, M. & Hargreaves, A. (1991) *What's Worth Frighting For? Working Together for Your School.* Toronto: OISE.

15.Hallinan, M. T. (1995) (Ed.) *Restructuring Schools : Promising Practices and Policies* N. Y. :Plenum Press.

16. Klauke, A. (1995) *Restructuring the Schools.* 〔WWW page〕URL http://www.ed.gov/databases/ERIC-Digests/ed309563.html (visited 21 Dec.1996)．

17.Lashway, L. (1997) *Leading with Vision,* Eugene, Oregon: ERIC Clearinghouse on Educational Management.

18. Lieberman, A. (1986) "Collaborative research：working with, not working on", *Educational Leadership,* 43(5), 28-32.

19.Newmann, F. M. & G. G. Wehlage (1995) *Successful School Restructuring.* ERS Bulletin, 23(5). 〔WWW page〕URL http://www.ers.org/ERS%20Bulletins/0196f.htm (visited 24 June 1998)．

20.Rosenholtz, S.J. (1989) *Teacher's Workplace: The Social Organization of Schools.* N. Y.: Teacher's College Press.

21. Sirotnik,K. A. (1987) *The School as the Center of Change.* ERIC (ED292170) .

22. Tewel, K. J. (1995) *New Schools for A New Century.* Florida: St .Lucie Press.

# 學制興革問題之研討

王煥琛

　　教育事業好比建築高樓大廈，學制好比其之一幅建造工程圖樣。將來高樓大廈，蓋起來好不好，合用不合用，端賴這幅工程圖樣的設計。因之，一國的學制在教育上所占的地位是極重要的，平常關心教育的人重視它，從事教育工作者更重視它。它關係千千萬萬的幼兒、兒童、青年、成年及老人的就學走向。從這座高樓大廈走進走出，能否培育出各行各業的健全人才；為社會、為國家及人類謀幸福！今日世界各國焉能不重視它呢！

　　煥琛早年追隨沈亦珍先師，參與四年制中學、四二制中學、綜合中學、四年制初級職業學校、醫學試辦七年制、初中生活中心教育及社會中心教育等實驗工作，以作改革學制之依據。惜當時經費非常拮据，且人事變遷，時作時輟。茲承中國教育學會邀約，今年年會研討主題：關鍵年代教育中——教育學制興革問題。特提出本課題研討，就教同仁，並藉以軫念沈亦珍先師倡導改革學制之實驗的研究精神。

## 一、關鍵名詞

　　學制（school system），坊間書籍解析不一，似欠於妥善。學制應包含了兩個因素：一是學校，二是制度。制度的種類不一，倘

不是學校的制度，絕不足以當學制之稱。又若只有學校而無上下相承，左右連貫的制度，也還不能夠稱爲學制，定然各級學校的段落分明，銜接靈便，有條理，有系統，且由國家用法律規定，政府明令公布出來的。否則，不能稱爲學制，更無所謂學校制度。中國古時的書院，和近代的私塾，雖然也是教育兒童、青少年爲任務，則不能稱爲學制。

學制系統中各個學校，雖有其獨立存在的功用。但仍然就其本質與地位，以求達到國家教育的宗旨。因之，學制爲各個學校之總體，其組織又依了各段教育本身的功用，和國家需要的情況，以及國民經濟的力量；同時要照學習者身心發展的程序，及教育上最經濟最有效的原則。職是之故，學制所要達到的國家教育宗旨，即是各級學校所欲實現之教育目標的總和，可見學制影響一個國家至深且鉅。

## 二、我國學制的發展

我國學制之發展，其正式由政府公布之學制，簡述於下：

1.光緒二十八年（一九○二）壬寅學制。小學十年，中學四年，大學預科三年，本科三年。全程學年分爲初等、中等、高等學校三段，共計二十年。是爲我國頒布第一個有系統的新式學制。

2.光緒二十九年（一九○三）癸卯學制。前壬寅學制經過一番修正，再頒布全國，分蒙養院、初等小學及高等小學共九年，中等學校五年，高等學堂及大學預科各三年，大學本科三至四年，通儒院無定期，全程學年二十一年。

3.民國元年、二年（壬子、癸丑學制）（一九一二——一九一三）。分初等小學與高等小學共七年，入學年齡爲六歲。中學四年，

大學預科三年，本科三年，全程學年共計十八年。

4.民國十一年壬戌學制（一九二二）。新學制系統訂頒，即是六、三、三、四學制，小學六年（分初級小學四年，高級小學二年），中學六年（初中三年，高中三年）高中得設普通及職業各科，如美國綜合中學。大學四至六年，取消預科，大學以上爲大學院，年期無定，其全程學年共計十八年。

5.民國十七年（一九二八），國民政府奠都南京，十七年頒布中華民國學校系統大體和十一年新學制無多大出入。小學六年，中學六年，大學四至七年，全程學年共計十六至十九年。

6.民國五十七年（一九六八）以前學制。民國五十七年以前之學制，各級學校法逐漸修訂，雖有所變更，但仍沿襲民十一年新學制：幼稚園（學前教育）二年、國民小學六年、中等學校六年、大學及研究所八年，全程學年共計二十二年，其學制圖如（圖一）。

7.現行學制。民國五十七年實施九年國民教育之後，各級學校法修訂及技職教育法、特殊教育法、補習教育法等訂定。學制遂有重大改變。學前教育二年，國民教育九年（國民小學六年和國民中學三年），高級中等教育三年，高等教育：一般大學至研究所四年至八年（大學四年、碩士班二年、博士班二年）。學士後醫學系至研究所共計十三年（學士學位四年、入醫學系五年、研究所四年）。特殊教育（國小補校、國中補校、高級進修補校、專科補校、空中大學等，特殊教育學校有啓明（盲生）學校、啓聰（聾生）學校、啓智（智能不足生）學校、仁愛（肢體殘障生）學校等。在學制上前所未有而列上。

全程學年十六至二十五年，年齡六至三十歲。請見（圖二）。

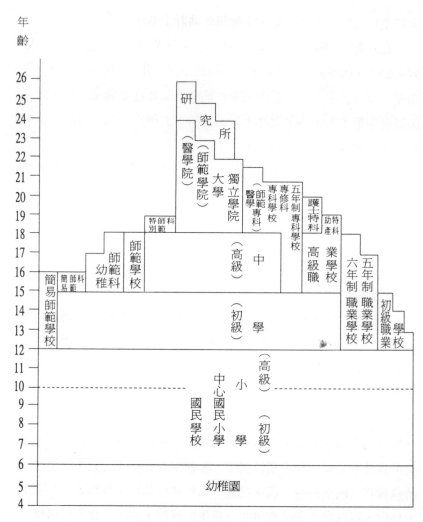

年
齡

圖一　民國五十七年前學制

資料來源：教育部教育年鑑編纂委員會（民74）。第五次中華民國教育年鑑。
　　　　　臺北市：正中書局，第15頁。

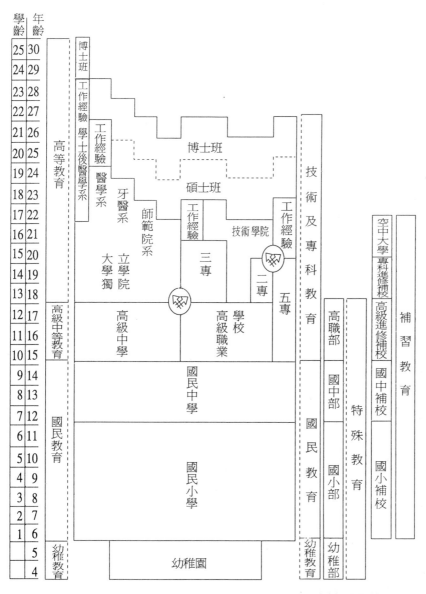

圖二　現行學制

資料來源：教育部（民86）；中華民國教育統計。

# 三、學者專家之學制改革之研究

近半世紀來，國內不少學者專家關心下一代國民之教育，對學制改革不斷研究，因篇幅有限，茲舉多年在學制領域研究者，闡述如下：

## ㈠蔣夢麟等修正中小學教育制度

民二十三年八月二十五日（一九三四），由北京大學校長蔣夢麟、文學院院長胡適、教育系主任吳俊升、地質調查所所長翁文灝、社會調查所長陶孟和，北京研究院徐炳昶、河北教育廳廳長周炳琳等連袂赴廬山，出席國防設計委員會，提議用試驗方法修正中小學教育制度，以適應國情案——學制改革。

1.現行中小學側重升學，事實上不能升學的學生反居多數。

2.現行學制使學生慣居城市與都會，畢業後不肯重返鄉間，致農村無建設人才，都市多浮游子弟。

3.現行學制多抄襲外國，不合國情。

4.現行中等學校既集中精力於預備升學，而基本知識——國文、外國文、數學——的訓練仍未能適合大學之需要。

（全文請見王煥琛（1991），《教育行政與會議》，教育部教育研究委員會，頁180-187）

## ㈡常道直之學制修正

常道直研究提出現行學制應予修正之十點：

1.現行學制有雙軌制度之事實。

2.現行學制存有對青年不必要限制，缺乏鼓勵自學之設施。

3.由初小至高中分節過多，致教材重複。

4.現行學制之區分節段過於呆板，使中途無分支機會。

5.中等教育開始之年齡較歐洲多數國家要遲二年，故畢業程度不能與之相比，且須移一部分大學時間為補習中學課程之用，以致減少大學專業訓練之時間。

6.高中不分科或組，學生負擔雖重，而專門研究工作之準備仍不足。

7.各類及各級學校均不能表現特殊之功能。

8.職業學校之學制比照普中而設，有礙各種職業本身之需要。

9.高級中學與初級中學之師資訓練，常未能分別顧及。

10.全學制之年數過長，由六歲入學至得博士學位，共需二十年，比德、法多五年，比美多一年。


他並提出學制改革五大原則：


1.本於「全民一體」之理由，整個學制應為單軌之精神所貫徹，但不必過分拘泥單軌之形態。

2.為適應抗戰建國之時代的要求，全套學制結構之每部門，均應對於儲備及增強國家民族實力，盡其最大可能的貢獻。

3.學制全體為有機的結構，其所包括之各類學校，應各具有著獨特之功能。

4.各級學校之教育制度須堪與歐美各國之同等學校並駕齊驅，修業總年數不可為非必要的延長。

5.學校教育應與正規學制以外之各種教育組織及活動，保持密切的關聯，務使兩者互相補充，以完成教育建國之偉業。

（《教育雜誌》二十四卷二號、二十五卷一號，及常道直著《教

育制度改進論》)

### ㈢傅斯年學制改革五項原則

1.現在層層過渡的教育，應改爲每種學校都自身有其一目的。

2.現在是遊民教育，應當改爲能力教育。

3.現在的學校是資格教育，應當改爲求學教育。

4.現在的學校是階級教育，應該改爲機會均等教育。

5.現在的學校頗有幻想成分，我們應當改爲現實教育。

（傅斯年：《中國學校制度之批評》，載傅斯年校長最後論著，台大出版，民40年）

### ㈣沈亦珍之學制改革實驗研究

1.四二制中學之實驗——實驗學校：台灣師範大學附中及省立嘉義女中：

 ⑴四二制中學，即六年制中學，分前四年與後二年兩個階段，一方面打破初、高中各三年的辦法，將中學教育看做是六年完整之教育；他方面卻又把前四年與後二年，兩個階段看做是連續而不可分，學生由前一階段升入後一階段是自然的，毋須再經過入學試驗，但每年升級則力求嚴格。

 ⑵另一方面，從我國國民經濟能力去看，如普通中學修業年限一律定爲六年，實不足以適合實際的情況，我們認爲需要有兩種中學，一種是四年的，一種是六年的。前者不以升學爲主要目標，課程著重於實用學科，類似英國之現代中學；後者則專作於升學的準備，並嚴格選拔優秀的青年，類似英國之「文法學校」和「公學」。

(3)四二制中學的課程具有統一性，但每一階段各有重心。前四年的課程著重基本之訓練，後兩年之重心則在按個別興趣與才能，實行文、理分組，予以分化之教育，適合個別之需要。

(4)四二制中學課程編制採取直徑一貫的方式，不用三三制二重圓周的辦法。（三十九學年度至五十學年度，四二制中學實驗研究報告）

2.四年制中學之實驗——實驗學校：高雄市立女中、桃園縣立大園中學及苗栗縣立卓蘭中學。

(1)實驗之目的：

①完成繼續小學之基礎訓練，且兼顧就業之預備。

②培養學生職業技能，俾學生畢業之後，能有一技之長自謀生活。

③重視生活教育，使學校與社會打成一片。

(2)實驗計畫：

①是一種中間性之中學，為了不能選拔入四二制中學而就業志趣尚未確定青年而設。

②該中學不以升學為主要目標。其一方面繼續小學基本教育，設置若干普通基本科目。另一方面各學科著重實用之價值，不偏於研究高深學術之準備。換言之，即學科內容務期與實際生活更形接近，而又能適合此類中學兒童之需要。

③四年制中之課程可分為兩個段落。即前兩年為一段落，後兩年為另一段落。在前兩年全部為普通基本的學科，在後兩年除一部分普通基本之學科以外，可留一部分選習時數，根據學校、地方和學生之實際情況，酌設分組選修科目，一方面試探學生之個別才能與興趣，另一方

面使不能升學者多習實用科目爲畢業後就業的初步準
備。

3.社會中心教育實驗——實驗學校：新竹竹東中學、嘉義東石
中學、高雄旗山中學、花蓮鳳山中學、宜蘭羅東中學、彰化鹿港中
學、苗栗卓蘭中學、高雄市立第三中學、台北樹林中學、新竹石光
小學、屏東北葉小學。同時爲配合培養社會中心教育師資，指定省
立台北師範、省立台南師範爲實驗師範學校。並劃歸輔導其實驗社
會中心教育。其爲師生研究實習場所：有台北樹林小學、台南白河
小學，至五十四年各縣市又指定中學九所，國民學校二十四所，前
後合計各類學校共達五十二所。

(1)實驗之目的：

①試行改革現行中小學校之制度、課程、教材、教法。

②學校與社會密切聯繫，一面運用社會資源，發展學校。
一面以學校各種設備供社團運用，預期「學校教育」與
「社會需要」切實配合，使學校成爲改進社會之重心，
以解決當地兒童與青年之失學失業問題。

(2)實驗之計畫：

①社會中心教育實驗分別由各中小學校進行其實驗計畫。

②教育部中教司四十七年曾草擬「推行社會中心教育實驗
方案」，其內容爲：

· 逐步增加社會中心學校數量。

· 改進社會中心學校教育內容。

· 培養社會中心學校師資。

· 充實設備及注重職業陶冶。

· 成立社會中心學校輔導機構。

· 改善社會中心學校有關設施。

(3)實驗之經費：總計歷年參加社會中心教育之美援示範學校

十八所，及縣市指定試辦學校三十四所。由於美國駐華安全分署教育組在技術上及經濟上的援助，以及教育部教育廳暨各校教育工作人員與地方人士對推動社會中心教育之努力，此項實驗工作不斷進步發展。在四十二年至四十九年（一九五三——一九六〇），先後接受美援款項計美金約十五萬餘美元、新台幣一千一百餘萬、教育廳及各縣市政府配合款項八百餘萬元。因之，各校在增加設備、調整課程、編訂教材各方面，大體均能順利進行。

(4)出國研習考察人員：先後保送出國研習人員既有七十四人，包括學者專家、教育行政工作人員、各社會中心學校校長、教師等出國研究。考察國家：包括美國、日本及菲律賓等處，這批人員返國後，對於社會中心教育推動與改進，都有極大貢獻。

（《台灣教育輔導月刊》第六卷八期，四十五年八月，《中等教育》第七卷五、六期，四十五年十月，《中等教育》第六卷四、五期，四十六年五月，《社會中心教育》第二卷四期，五十一年二月）


## (五)林本改革學制之十大原則

1.教育機會均等之原則。

2.教育應配合實際生活需要原則。

3.教育須配合社會實際的原則。

4.教育須適應世界趨勢迎頭趕上之原則。

5.學制全體應為靈活有機的結構，各級學校顯示其獨特的功能。

6.學制須兼顧學生身心發達狀態，俾得盡其最大可能的發展之原則。

7.各級各類學校在學制上應有合理的地位，以期分途發展之原則。

8.師資之養成須切合各級學校需要的原則。

9.學校教育應與社會教育全盤配合，以增強教育效果的原則。

10.教育制度與考試制度密切聯繫，使人才培養與登庸，表裡相應的原則。

此外，補習教育與特殊教育在學制上均應有相當的安排。

（《近五十年來之中國教育》，頁233-277，復興書局，六十六年十一月）又指出：

1.改革學制立意甚佳，但不能把過去完全抹煞，小幅度調整即可，不必全面更改。

2.學前、國民、學術、師範、技職、社會、特殊教育之名稱故佳，與「學術」教育名稱過於嚴肅，原有初等、中等、高等教育之名稱，可與之並行而不廢。

3.學院可以稱大學、五年制專科學校仍可維持。尤其是五年制師範專科學校。

（七十二年四月二十二日學制改革小組第一次研討會）

## ㈥孫邦正之學制改革八大原則

1.應顧到教育機會均等的原則。

2.應根據人盡其才的原則。

3.應顧及學生身心發展的程序。

4.應適合社會的需要。

5.整個學制應為有機的結構。

6.應重視成人的繼續教育。

7.應配合國家建設的需要。

8.應注意時間和空間的條件。

　（孫邦正著，《中國學制問題》，商務，七十二年）


## ㈦蔣建白學制改進原則

1.延長義教年限。

2.建立職業教育體系。

3.推行建教合作制度。

4.學制應有彈性。

　（民國五十四年中國教育學會年刊——學校制度研究）


## ㈧林清江之社會需要與學制改革——現行學制與社會需要之脫節與改革

1.幼稚教育的量與質，均不能滿足社會需要。

2.與社會需要脫節的進修教育體系。

3.部分不合實際需要的高級中學，正待改變體制。

4.欠缺充分彈性的職業技術教育學制。

5.顯示落伍歷史遺跡國小師資培育體系，仍然存在。

6.不合適的大學區分，值得研議更張——國立與私立；大學與獨立學院系之分。

7.健全而有效的資優學生培育制度亟待建立。

8.國民教育階段的有機銜接，正待研究。

9.傳統的教學與沒有充分創意的學生。

10.與社會需要脫節的法規與措施，尚待適時更張。

（民國七十二年四月二十二日，於「學制改革研究小組」提出之報告）

## ㈨郭爲藩之社會教育與特殊教育在學制上之地位（意義）之改革

社會教育與特殊教育之發展，對於學制之完整性與合理性，具有積極功能，其顯著者有三：

1.保障教育機會均等。
2.引導學制彈性化。
3.重視學校與其他機構之合作。

綜合建議：

1.大專院校辦理推廣教育之制度化與正名問題。
2.設立專爲辦理成人教育之高等學府。
3.國民小學入學年齡之彈性規定。
4.試辦九年一貫制不分年級之國民教育。
5.特殊學校設置專科部。
6.資賦優異學生縮短修業年限之法規化。
7.通盤規劃藝術教育體系。

（民國七十二年六月二十五日「學制改革研究小組報告」）

## ㈩雷國鼎之師範教育制度改革三案

1.甲案──現制不變，但採兩項措施：

(1)幼稚園及小學師資：凡師專畢業生，其學行成績占本班畢業生總額前10％者，予以直升師大、師院性質相同之科系

三年級肄業，期滿仍須依規定服務。其餘畢業生，有志深造者，於服務期滿，得投考大學三年級插班生。其服務成績優異，合於保送升學規定者，亦得享有保送升入師院、師大之機會。保送辦法另定之。

(2)中學師資：師大師院畢業生，四年在校總成績，占本班畢業生總額前10%者，予以直升大學研究所性質相同之學門，攻讀碩士學位，期滿仍須依規定服務；其餘各生，如繼續服務五年，成績合於保送規定者，由服務學校造冊請主管教育行政機關審核無異後，報請教育部按其志願保送公私立大學研究所讀碩士學位，其保送辦法另定之。

2.乙案——幼稚園及中小學師資，均由師大師院培養：

(1)幼稚園、國小及國中師資：由師院培養，招收高中畢業生，修業四年，期滿授予學士學位，其教學實習，於第四學年下學期分發至國小、國中實習。實習期間，不支領薪津。服務期滿，在校及服務成績均甚優良者，得由教育部保送師大攻讀優異學位，轉任高中教師。

(2)高中師資：由師大培養，招收高中畢業生，修業五年，期滿授予優異學位。其教學實習，於第五學年下學期分發至高中實習，實習期間，不支領薪津。凡持有優異學士學位者，其畢業及服務成績，占本班畢業生總額前10%而有志深造者，得由教育部保送公私立大學研究所攻讀碩士學位，期滿仍規定服務，其服務辦法另定之。

3.丙案——幼稚園及中小學師資，均由師大師院培養：

(1)幼稚園及國小師資：由師院培養，招收高中畢業生，修業四年，期滿授予學士學位；教學實習於第四學年下學期行之，實習期間不支領薪津。服務四年期滿，其畢業成績及服務成績均甚優良，而有志深造者，得保送大學研究所攻

讀碩士學位。其保送辦法另定之。

(2)國中師資：由師大培養，招收高中畢業生，修業五年，期滿授予優異學士學位。教學實習於第五學年下學期行之。實習期間不支領薪津。服務五年期滿，其畢業成績及服務成績均甚優良而有志深造者，得保送大學研究所攻讀碩士學位。其保送辦法另定之。

(3)高中師資：由師大培養，招收大學畢業生，修業三年（學科二年，實習一年），期滿授予文理科教育碩士學位，獲師大優異學士學位者，如經錄取，則免除實習一年。凡繼續服務三年，在校及服務成績均甚優良而有志深造者，得保送大學研究所攻讀博士學位，期滿仍返原校服務若干年。其保送辦法另定之。

此外，各級各類學校教師，在職進修制度另定之；各類職業及技術學校師資，得比較上述各案辦理；各級各類學校教師晉級、加薪、遷調等獎勵辦法另定之。

（七十二年六月二十五日，在教育部「學制改革研究小組」報告）

### ㈡孫亢曾之改革學制的看法

學制改革三原則：

1.多軌並進。

2.分段實施。

3.便利升轉。

同時指出改革學制：不能把「大膽假設」做開端，亦須經過許

多的觀察和縝密的檢討以後才可假設；更不能只用自己的語言文字去做「小心求證」的工作，而必須從篤行實踐的成績上給社會去求證才是。

（《教育文摘》第七卷第一期學制改革研究專輯）

## 四、學術團體與學制改革專案之研究

### ㈠中國教育學會於民國四十年（一九五一）擬議學制改進

中國教育學會於民國四十年擬議學制改進，因限於篇幅，方案內容不另說明。其圖示如（圖三）。

（由林本改革學制評議，《台灣教育輔導月刊》第一卷六期。四十年四月，同年六月發表於中國教育學會年會）

### ㈡第四次全國教育會議學制之改革

民國五十一年（一九六二）二月十四日至十七日，第四次全國教育會議通過學制改革方案。（暫略）

### ㈢第五次全國教育會議學制之改革

因民國五十七年實施九年國民教育後，檢討當前教育問題擬訂復國建國教育綱領及教育革新方案。遂於民國五十九年（一九七〇）八月二十二日至二十八日召開第五次全國教育會議。議中議決學制改革方案，其學制革新原則及學制改革系統，簡摘如下：

1.革新原則：
　(1)學制應有彈性，根據憲法精神，務期各級各類學校上下銜接，彼此溝通，以符合教育機會均等之原則。

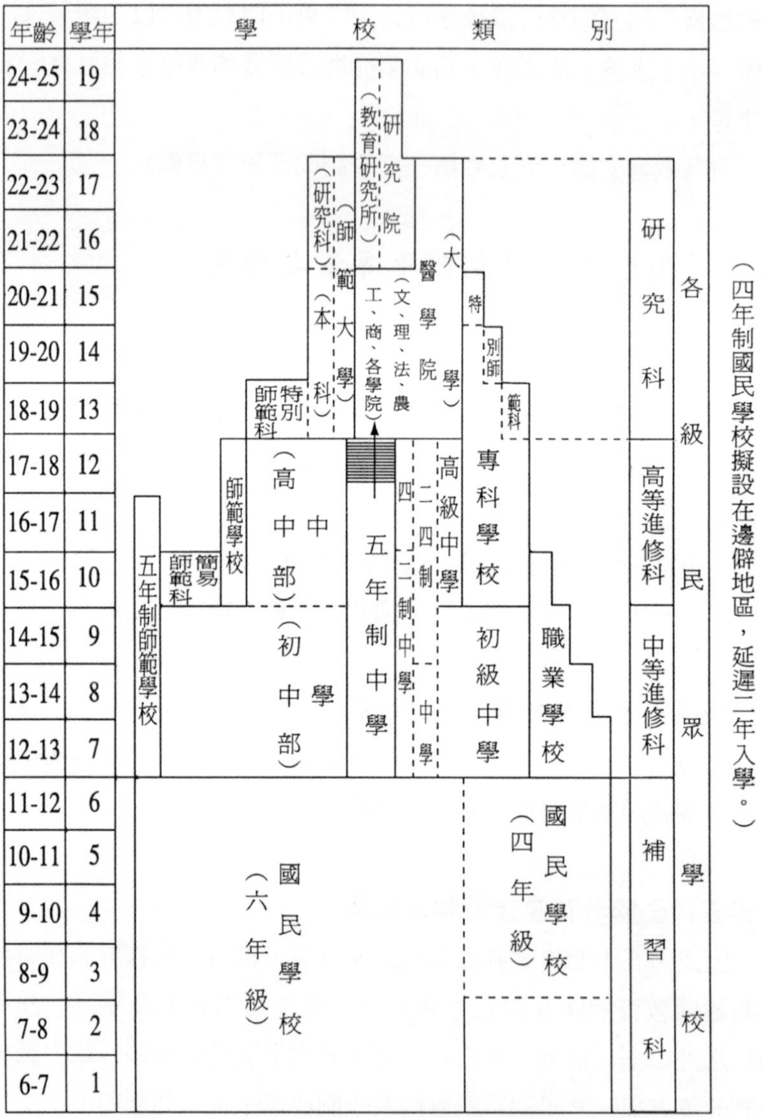

| 年齡 | 學年 | 學　校　類　別 |
|---|---|---|
| 24-25 | 19 | |
| 23-24 | 18 | |
| 22-23 | 17 | |
| 21-22 | 16 | |
| 20-21 | 15 | |
| 19-20 | 14 | |
| 18-19 | 13 | |
| 17-18 | 12 | |
| 16-17 | 11 | |
| 15-16 | 10 | |
| 14-15 | 9 | |
| 13-14 | 8 | |
| 12-13 | 7 | |
| 11-12 | 6 | |
| 10-11 | 5 | |
| 9-10 | 4 | |
| 8-9 | 3 | |
| 7-8 | 2 | |
| 6-7 | 1 | |

學校類別欄位（由左至右）：
五年制師範學校；師範學校／簡易師範科／特別師範科；中學（高中部）（初中部）；五年制中學；四二三制中學／四二四制中學；高級中學／初級中學；專科學校／職業學校；醫學院／大學（文、理、法、農、工、商、各學院）；研究院（教育研究所）（研究科）（師範大學）（本科）；特別師範科／範科；國民學校（六年級）／國民學校（四年級）

右側欄位：各級民眾學校——研究科、高等進修科、中等進修科、補習學校科

（四年制國民學校擬設在邊僻地區，延遲二年入學。）

圖三　中國教育學會擬議學制系統改進圖

資料來源：由林本改革學制評議，《台灣省教育輔導月刊》一卷6期。六〇年四月，同年六月發表於中國教育學會年會。

(2)九年國民教育應有一貫精神，但可分段實施。

(3)高級中學必要時得設職業科。

(4)高級中學以上學校，應放寬入學資格之限制，得招收同等學力學生，或舉辦學力鑑別考試。

(5)高級中等以上學校採行嚴格入學及畢業考試，以提高學生素質。

(6)技術教育應有更多彈性，並建立系統，直至與大學平行。

(7)師範教育由國家辦理為原則，並逐漸提高師資水準，為配合開發教育發展之需要，教育部得指定大學設置教育科目或師資訓練部培養各級各類師資。

(8)大學及獨立學院仍採學年學分制，但對於學力特優之學生，將酌量減其修業年限，惟須修滿規定學分。

(9)特殊學校教育，應列入學制內。國內國小對特殊兒童得設特殊教育班。

(10)各級各類補習學校，須與各級學校教育溝通。俾補習學校結業生經資格考驗及格者，取得正式資格。

2.學制改革系統圖：如（圖四）。


### (四)學制改革專案研究

民國七十二年（一九八三）三月十日，當時教育部長朱匯森鑑於我國學校制度上若干缺點，亟需要研討改革。特成立「學制改革研究小組」聘請劉真先生為委員兼召集人，孫邦正先生為委員兼副召集人，林本、雷國鼎、許智偉、郭為藩、林清江、葉學志、張植珊、龍書祁、施金池、陳梅生及廖季清等先生為委員。並指示研究三大目的。

1.根據現有的法令規定，整理出一套對現行學制的系統說明或

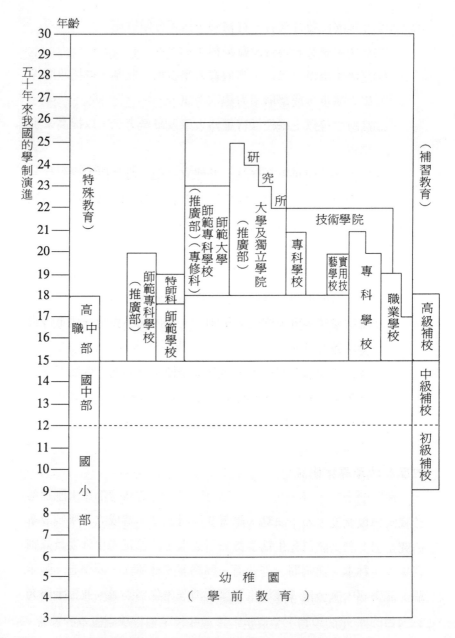

圖四　第五次全國教育會議議決學制改革系統圖

圖解。

　　2.研討現行學制目前之需要,實際的進行狀況,檢討何者不能配合現狀,須予以改進。

　　3.教育計畫是前瞻性的,故進一步則作未來之規劃建議而所有與學制相關之教育問題亦可納入討論範圍。

　　該研究以一年爲期,每月召開會議一次,共計預備會議與十次研討會議（七十二年三月十日至七十三年三月十日）提出學制改革原則與學制改革甲、乙兩案:

　　1.學制改革之原則:

　　　　(1)爲防止「形式主義」與「升學主義」的流弊,除應多方消除社會有關因素外,今後學校制度,應接受學校性質,以幼兒教育、國民教育、技藝教育、學術教育、師範教育、社會教育與特殊教育等爲分類的依據。

　　　　(2)爲實現我國「有教無類」及「因材施教」的傳統教育理想,充分發揮教育機會均等的精神,學制應採取「單軌多支」的形態。

　　　　(3)爲針對當前國家建設實際需要,各類教育的規劃,應配合國家人力供需計畫,以提高教育投資的效益。同時須注重提高國民知識水準及文化陶冶,以適應社會未來發展的趨勢。

　　　　(4)爲適應學生個別差異與學習性向及各地區的特殊需要,各類學校制度的釐訂,應根據「創新」與「彈性」原則作多元化的規劃,並選定地區或學校,進行學制改革的實驗。

　　　　(5)爲使學制成爲有機的結構,各級各類學校除應發揮其獨特功能外,並須力求「上下銜接」與「相互溝通」的便利。

(6)為培育各級學校健全師資及各類專業人才,應建立師資與專業人員養成制度及進修制度,以適應社會進化的需要。

(7)為使教育上不致產生「孤立主義」的現象,家庭教育、學校教育與社會教育應作密切有效的配合,以實現「整體教育」與「終身教育」的理想。

(8)為加強特殊教育的實施,各級各類學校應在制度及課程上妥善規劃,以貫徹人盡其才,與才盡其用的理想。

(9)為配合社會需要及提高國民文化水準,對於幼兒教育及成人進修教育,應分別建立制度,並使其與各級各類學校教育密切聯繫。

(10)為促進國際兼學術合作與文化交流,各類學校的修業年限及課程內容等,應參酌世界各國教育發展趨勢,不斷作適當的調整與修訂。

2.學制改革甲、乙兩方案,因限於篇幅,方案內容不另說明,其圖示如(圖五)。

學制改革甲、乙兩方案經研討之結論:

1.甲案:是近程的,對現況變動較少,實施較易的建議案。
2.乙案:是中長程的,對現況變動較大,較具前瞻性的建議案。

# 五、研討結論與建議

## ㈠研討與結論

研討——由上述我國學制發展史與學者專家或學術團體等研究看來,現行學制的確有重大的缺失,如所採行「六、三、三、四」學制,國小六年、國中三年、高中三年、大學四年。前一階段的教

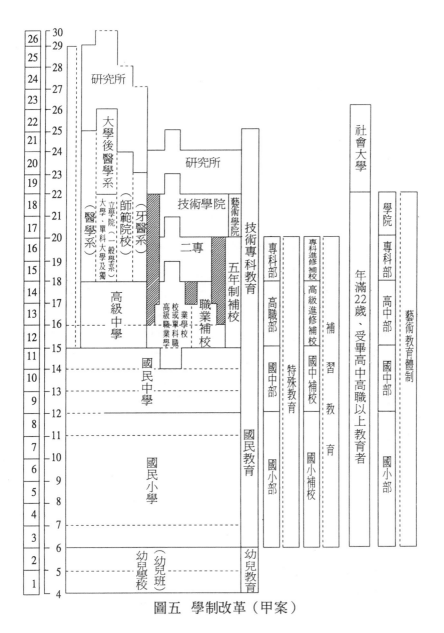

圖五　學制改革（甲案）

資料來源：教育部教育研究委員會（民73），中國學制改革之研究，臺北市：
　　　　　正中書局，第280頁。

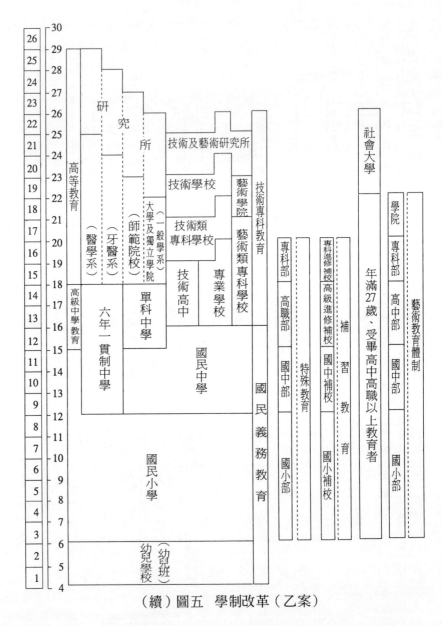

（續）圖五　學制改革（乙案）

資料來源：教育部教育研究委員會（民73），中國學制改革之研究，臺北市：
　　　　　正中書局，第281頁。

育，純爲後一階段之預備，旣無伸縮餘地，又無轉通之便，容易造成學生盲目升學、謀求資格之觀念。且課程缺少彈性，形成一個形式流於呆板，自難適應靑年之需要，切合社會之需求，早爲社會所指責。茲加以分析研究，目前學制的重大缺失，顯示有：

1.現行學制缺乏多樣性彈性，以致未能顧及地域與個別的適應，例如六、三、三制趨於僵化，中等教育未能貫徹分組分支辦法，嚴格的學年制、統一的課程與國定教科書（今年雖開放，惟仍以統一課程標準爲準之）顯然走向硬化學制之軌轍。

2.現行學制徒拘泥於單軌制的外表形態，實則由各級各類學校之間未能圓活連貫，並不能使各個兒童及靑年免於一切外在限制，而受到適於他志趣和能力的教育，因之單軌制精神未能充分實現。

3.現行學制對於各級各類學校的特殊功能與目標，雖法規上略有區別，然而意義仍含糊。例如，專科學校與大學之目標。專科學校以「教授應用科學，養成技術人才爲宗旨」，而大學的農、工、法、商、醫各學院是否也應「教授應用科學，養成技術人才？」專科學校畢業生學有專精，是否也算專門人才？大學學習應用科學是否也要「研究高深學問？」專科學校入學資格與大學相同，三專修業期間僅差一年。然而大學畢業可授予學位，專科學校則無。難怪專科學校之學生都願退學重行報考大學。一般專科學校莫不力謀以獲得升格改制爲學院或大學爲殊榮。

4.現行學制自國小、國中、高中、大學，以至研究所，全學程共修業二十五年（六歲至三十歲），較之世界多數國家均較長。按目前社會繁榮，尙不成問題。在學時間的延長，而增加公私雙方經濟的負擔，並減短服務的期間，尤在今日「資訊網路時代」中，電腦輔助教學之成效，實有在不降低原有程度情狀之下，縮短各級學校修業年限的必要。

5.學校教育與社會教育未能相互聯繫，以致未能收到相需相助的功能。在今日終身教育口號之下，社會教育足以輔助學校教育的不足，其重要性已日益顯著。惟其本身尚缺乏持續一貫的目標與作業，必須密切配合學校教育作有計畫的實施，始能使每一個國民充分獲享與其志願及能力相適合的教育，而實現機會均等的機會。

結論——學制不是現成的東西，或由某一個人或幾個人事先計畫好來應用的。它是因隨著社會需要，逐漸演變成功的。初民時代生活簡單，無正式的教育，自無所謂學制。後來社會日趨複雜，分工日益精細，專施教育的機關，逐次成立。一個國家為了使未成熟的兒童和青年，能順序漸進而有效教育，乃確定學習進行階段，上下相承，左右連貫之系統，並以國家法律規定，遂產生各國的學制。

同時從學制結構研究來看：一是從階段的層次來研討；二是從系統的排列來研討。前者是水平的橫座標來區分，把學制中的階段分為初等教育階段、中等教育階段、高等教育階段等三個領域。各階段的教育程度不同。後者是從垂直的座標來區分，把學制中之系統以縱的分為，普通教育、職業教育、特殊教育等不同性質的系統的教育目標及功能有所不同，由此可見，學制結構乃是階段性原理及系統性原理之結合而成的。不過從學制的發展，往往受歷史因素及社會因素之影響。在階段上，最初由初等教育階段，而逐步向上普及提高；在系統上，是由普通教育領先發展，而後再增設職業教育系統及特殊教育系統。

我國學制的建構自光緒二十八年（一九○二）頒布欽定學堂章程開始，係仿效日本、法國、德國、美國而來。孫邦正先生曾指出「模仿他國制度而建立學制系統，其全部制度的產生是突然的、整套的，因而不一定會處處適合國情，制度建立以後，便會時時發生問題。」（孫邦正：《中國學制問題》，商務），今日研討教育改

革問題，如果一一加以分析，都與學制確有密切關係。而我國的學制迄今將近一百年了，若就民國十一年新學制頒布亦將有八十年了。因時空的改變，社會、國家及青少年身心發展之需要，尤以國家經濟之發展等看來，今日是學制興革的大好時機。

## ㈡建議

一個時代有一個時代的特殊需要，一個地方有一個地方的特殊需求，學制是因時空推移應作時時改革。民國七十三年（一九八四）教育部曾作「學制改革」提出改革的「甲、乙」兩方案。因人事變遷而歸檔，無聲無息了。應作繼續實驗與調查研究，該兩方案是否可行嚴加評鑑，訂出一套眞正適合我國青少年與社會發展的新學制。今日本會年會提出關鍵年代的教育之研討，特建議教育部設立學制興革委員會或小組不斷研討改進。筆者多年開「學校行政」課程，曾與學生研討，學制中「國小」、「國中」階段發生不少問題，且層出不窮。今年是推行九年國民教育三十週年紀念，一國家義務教育愈長顯示國民素質愈高，國民愈健全。但據八十五年（一九九六）各法院審理少年刑事案件，以國中肄學生人數最多，占50.23%，其次爲國中畢業生，再次爲高中畢業生，三者合計占高達95.2%。同時從八十五年（一九九六）台灣地區全部刑案嫌疑犯人數87,086人，平均每五人就有一人是未滿十八歲青少年犯罪（法務部統計處近五年來及刑事警察局之統計——八十一年至八十五年）顯示我國國民教育之學制未能負起三大功能：

1.試探（exploration）作用：要用各種方式把青少年的天賦才能（性向）與興趣試探出來，作爲將來因材施教的根據——試探學生才能。

2.分化（differentiation）作用：試探結果予以分化，注重適應

學生的個別差異，在不同類型學校施以不同的課程，或在同一類型學校內施以不同課程的，如英國文法中學 (Secondary Grammer School)、技藝中學 (Secondary Technical School)、現代中學 (Secondary Modern School) 及綜合中學 (Comprehensive School)。

3.統一 (integration) 作用：是繼續普通教育，使每個青少年進一步獲得健全思想和健全生活習慣，人生價值判斷，成為一個良好健全國民。再者如現行學制的總年數，在不降低原有程度之下，必須力求縮短。根據學理研究及實際經驗，毋須牽涉重大改動，將學期（一年三學期）間調整，至少可縮短一、二年，亦即延長其服務國家期間一、二年。

同時由上述學者專家、學術團體之研究及各國學制改革趨向。筆者早年參與學制改革實驗，並多年在大學教學與研究工作，擬作下列學制興革建議：

1.國小——修業年限改為五年。
2.國中——修業年限改為四年。
  據發展心理學之研究，今日青少年身心發育，較祖父母早一至三年。
  (1)國中前三年：常態分班——試探功能——性向輔導。
  (2)國中後一年：能力分班——分化功能——進路輔導：升學高中組、升學技職組、就業組等三組。
  就業組之國中四年級學生，每週一至二天在原校上課，其餘時間輔導到工廠，或就業訓練中心，或高級技職學校附設國中生就業訓練班，施予技藝教育並給予技能檢定考試證書，落實建教合作之教育，其畢業後即可就業，每人學

得一技之長，有謀生之能力，參加經濟建設之好國民。也
　　可以不時參加補習教育，再進修上進。

　3.高中三年——加強學術深造課程（基礎學科）造就優秀青
年。

　　技職三年——農、工、商、水產、家事、護理等技藝教育。

　4.大學——修業年限改爲三至五年。一般大學修業年限由四年
縮短爲三年，今日世界資訊網路W.W.W.時代來臨。而大學生身心發
展成熟，有自學能力。且教學改革之趨勢，從教授重「教」，演進
爲要求學生重「學」了。同時調查今日大學四年級學生，多數以修
滿規定學分就算了，不肯加修學分，每週只到校上課一至二天而已。

　5.研究所——修業：無定年限（彈性）

　　(1)碩士班——學位與無學位之進修研究。

　　(2)博士班——學位與無學位之進修研究。

　　(3)博士後進修班。

　6.幼兒教育二年——各國學制改革均有向下延伸之趨勢，列爲
義務教育。教育心理學家之研究，顯示幼兒教育之重要性，較向上
延長教育更爲重要。

　7.學制興革之各級學校之課程、教材（教科書）、教學設備，以
及師資，均須整體一一改革之。

## 參考文獻

1. 王煥琛 (1976) ，《戰後各國教育改革方案比較研究》，台北，台灣書店。

2. 中國教育學會 (1966) ，《學校制度研究》，台北，正中書局。

3. 中國教育學會 (1977) ，《近五十年來之中國教育》，台北，復興書局。

4. 教育部 (1984) ，《中國學制改革之研究》，台北，正中書局。

5. 教育部 (1997) ，《中華民國教育統計》，台北，教育部。

6. 沈亦珍 (1979) ，《教育論叢》台北，復興書局。

7. 林清江 (1972) ，《現代化》，台北，商務。

8. Hutchins, R. M (1968) ，*The Learning Society.*

9. Hutchins, R. M (1968) ，*The Learning Society——The University.*

10. UNESCO (1990) ，*World Survey of Education,* Paris UNESCO.

11. Schlechly, P. C. (1990) ，*Schools for 21st Century*；*Leadership imperative for educational reform,* Iossey－Bass Publisher,CA：San Francico.

12. Oranstein, A.C. & Levine, D.U. (1981) ，*Foundation of education* (2nd Ed.) ，

13. Houghton Mifflin Company. Boyett, G. & Conn, H.P. (1992) ，*Workplace 2000*：*The revolution reshaping American business,* Plume Co. Ltd.

# 班級經營的另類派典

單文經

## 壹、前言

　　行政院教育改革審議委員會（民85）所發表的《教育改革總諮議報告書》，明確地宣示：「帶好每位學生」為教育改革的五大方向之一，指出了此項任務的重要性。

　　所謂「帶好每位學生」，是要讓每位學生不分種族、性別、年齡、家庭背景、身心發展程度，皆能享有充分的學習機會，同獲教師的照顧與輔導，俾便激發與維繫其高昂的學習動機，建立積極向上的學習態度，進而能產生良好的學習成果。

　　欲達成此項任務，進而提高整體教育的品質，固須自鉅觀層面著眼，從調整教育行政體系、鬆綁各種加諸教育活動的不當限制、暢通各級各類學校的升學管道、提升教師的專業能力、有效運用教育資源、改革學校課程與教學……等方面尋求教育大環境的改善；亦應從微觀層面著眼，自與學生最常接觸的班級下手，改善與提升其學習環境的品質，務必保障每位學生所享受的班級教育資源，都能儘量公平而豐富，使每位學生不同的潛能與特質都受到尊重，並且有充分發展的機會。就此而言，教師在班級團體當中，掌握其中的人、時、事、地、物等因素，妥善加以組織與經營，以便促進師

生與同儕的互動，從而有效地達成教育的目標，確有其必要。

　　不過，長期以來，無論中外，班級經營的研究發展，或是理論的建構，始終都還是處於教育或教學研究的邊緣；而班級經營的實務與技術層面的探討，雖然一直受到相當程度的重視，但是注意的焦點，始終都有所偏倚。本文的主旨，即在分析此一現象的關鍵，並且指陳另類派共約必要。

## 貳、班級經營研究的概況

　　無論中外，班級經營的問題，早已受到教師和社會大眾廣泛的注意。而且，探討班級經營實務問題的篇什，也爲數亦不少。但是以班級經營爲主題的研究，卻未受到相對等的重視。

　　就我國而言，以較嚴謹的方法進入班級現場，瞭解教師的班級經營作法，當推十年前柯華葳以國民小學一年級的二位教師，在開學初所採行的班級常規管理爲主題，所完成的研究。柯氏先後根據該項研究撰寫而成〈教室規矩：一個觀察研究報告〉（柯華葳，民77）及〈班級常規管理的思考歷程〉（柯華葳，民82）二文。其後，陸陸續續有一些以班級經營爲主題的研究出現。這些研究或爲班級經營概況的較大規模的調查，如：〈國小級任教師班級管理問題之研究〉（葉興華，民83），〈國民小學常規管理問題之研究〉（施慧敏，民83）；或爲若干個或一個班級的觀察或調查，如：〈國民小學三位自然科學教師班級經營之觀察研究〉（張靜儀，民80），〈國民小學一年級優良教師開學初班級經營之個案觀察研究〉（張秀敏，民82），〈國小一、三、五年級優良教師班級常規之建立與維持之比較研究〉（張秀敏，民84），〈模範教師的教室管理個案研究〉（張秀敏，民84），〈屏東縣忠孝國小班規及例行活動程序

建立情形之調查研究〉（張秀敏，民85）；或為單一學科的班級經營的個案觀察報告，如：〈自然科教室管理——一個觀察研究報告〉（張靜儀，民82），〈初任科學教師班級經營的面貌與成長〉（陳碧雲，民84）；或為班級經營效能的相關研究，如：〈國小級任教師班級經營領導模式與學業成就相關之研究〉（劉榮裕，民84），〈教師教育信念與班級經營成效關係之研究〉（陳雅莉，民83），〈國民小學教師領導技巧、班級經營策略與教學效能關係之研究〉（陳木金，民86）等，不一而足。

　　筆者才疏學淺，復加涉足此一領域為時不久，因而不敢就這些研究的品質有所臧否。若就這些研究的數量而言，亦因缺乏相對照的數據，而未敢擅作比較。但就直覺而言，目前以班級經營為主題的研究，雖已較以往增多，但仍稍嫌鮮少。惟值得慶幸的是，這個領域的研究主題，確實逐漸受到重視。行政院國家科學委員會於民國八十五年完成的教育學門內容規劃的研究報告中，將班級經營的主題列為「課程與教學」領域中的規劃重點之一（陳伯璋，民85），即為明證。不過，在這項規劃報告當中，班級經營的主題乃是附屬於「課程與教學」領域，而為該領域中「教與學的方法與策略」類別下的一小項。

　　就美國的情況而言，「班級經營」的研究也是一向附屬在教育或是教學研究主題之下，始終未能成為顯學，專門以班級組織和經營為主題的研究，並不多見。「教學研究便覽」（Handbook of Research on Teaching）在一九六三年出版的第一輯，和一九七五年出版的第二輯中，班級組織和經營的研究，未受到太多的注意。在一九八六年出版的第三輯，才有Dolyle（1986）所寫的以「班級組織與經營」為題的文獻概覽。

　　所謂班級歷程，應該是教師在班級情境中，所表現的任何行為之整體。但是，一般的教育或教學研究人員，多半只關注班級的「個

人」層面，而忽略了「社會」的層面。因此，班級歷程的「組織與經營」的功能，就淪為次要的考慮了。對於「常規管理」 (discipline) 或是「不當行為」 (misbehavior) 等主題表示興趣的，也多半都是由臨床心理學家，從諮商、心理衛生及行為改變技術等方面著手研究 (如Dreikurs, 1957；Glasser, 1969；O'Leary & O'Leary, 1977；Symonds, 1934)。然而，這些學者研究的重點，還多半是採取傳統的角度，重點在於協助個別學生處理其行為的問題，而非著重班級團體的經營。班級中組織和經營的問題，反而往往是社會心理學者及社會學者 (如Dreeben, 1973；Lortie, 1973；Sheviakov & Redle, 1944) 或是教育行政學者 (見Johnson & Brooks, 1973) 比較有興趣。但是，這些學者，或者把教室當作一個工作場所，或是行政單位來處理，對於其所發揮的教學功能，則又鮮少涉及。在這種學術氣氛之下，無怪乎有關班級經營的研究，難在教學研究中占一席之地。

自從「教學研究便覽」第二輯 (1975) 出版之後，有關班級組織和經營的研究，在教學研究的領域，才受到比較多的注意。在一九七○年代，以班級組織和經營為研究範圍的研究逐漸展開，相關的研究報告也常常在「美國教育研究協會」 (American Educational Research Association, 簡稱AERA) 的年會中發表。AERA中也成立了一個以班級經營為主題的「專門興趣小組」 (Special Interest Group)。另外，「全美教育研究會」 (National Society for the Study of Education, 簡稱NSSE) 和「視導與課程發展協會」 (Association for Supervision and Curriculum Development, 簡稱ASCD)，在一九七九年及一九八二年各出版過一本以班級經營為主題的論文集 (Duke,1979；Duke, 1982)。而且，關於這方面研究的文獻概覽，也陸續出現 (如Brophy, 1983；Doyle, 1986；Emmer & Evertson, 1981；Goss

& Ingersol, 1981）。

　　就美國而言，當時有關班級組織和經營的研究，逐漸受到重視，至少有三個原因。第一，學校紀律和種族的「反隔離」（desegregation）的作法，成爲社會大衆所重視的問題，使學者們，特別是接受聯邦政府的專案研究經費補助的學者們，注意到這方面的研究。這由「合作學習」（cooperative learning）的研究受到特別注意，即可以看出；合作學習的研究，著重不同種族背景和能力的同儕之間互動，以及團體凝聚現象的研究（Slavin, 1980）。第二，「教學效能」（teaching effectiveness）領域的學者專家（如Anderson, Evertson, & Brophy, 1979；Brophy & Evertson, 1976；Good & Grouws, 1975等人），也開始把大部分是由Kounin（1970）的研究所帶動的班級常規管理等相關的項目，納入研究的範圍。而且他們發現，這些班級常規管理的良窳，與學生的學習成就有相當一致性的關聯。於是，學者們對於有效班級經營的實務技巧，乃愈來愈有興趣（Emmer, Evertson, & Anderson, 1980）。德州大學的師範教育研究與發展中心（University of Texas Research and Development Center for Teacher Education Research）所進行的大規模的以班級經營爲主題的大項專題研究，即是最佳明證。第三，在Jackson（1968/1990）和Smith及Geoffrey（1968）的研究之後，以「質的研究」方法，所進行的班級研究，陡然增加。這方面的研究，對於班級「脈絡」（contexts）和班級「歷程」所作的豐富描述，揭露了班級中複雜的社會現象，並且刺激了更多的學者加入此一領域的研究行列，以便更深入地瞭解班級中師生所參與的各項事件之形成與發展的前因後果（Cazden, 1986）。

　　有鑒於此，Doyle（1986）才很樂觀地作了以下的結論：

在一段相當短的時間內，有關班級組織和經營所作的系統研究，已經相當成熟。目前研究的趨向由不當行為和常規管理，逐漸轉移到開創與維繫秩序的班級結構和歷程等方面的研究，因此，班級經營的研究乃逐漸變成了教學研究的核心。如果班級經營的研究範圍繼續擴大，而且建立概念模式的行動不斷，則此一領域，乃是大有可為的。

(Doyle, 1986, p.425)


不過，十多年來的美國，有關班級經營的研究，並未如DoyIe所預見的那麼樂觀。雖然，教師、學校行政人員及社會大眾，仍然如過去一般對於班級經營的實務工作十分關心；但是，班級經營的研究卻仍然處於教育或是教學研究的邊緣。這種現象，即使在一年一度美國教育研究協會的年會上，也只剩下每年三、四個論文發表的場次，不復當時的盛況。

以下即是在就過去十多年來，曾經在美國教育研究協會各年年會中所發表的以班級經營為題的論文為對象，試著加以歸納，以瞭解其研究的動向。同時，並且以此為據，和Doyle (1986) 一文針對班級組織與經營所作的文獻探討，作一番比較。或許，此一作法，可以讓我們瞭解，為什麼班級經營的研究一直只能受到少數教育研究者的青睞，而無法成為教育或教學研究中的顯學的原因。

當我們就十多年來，美國教育研究協會年會中所發表的以班級經營為題的論文，加以概覽時，立刻會發現，研究者的興趣主要圍繞在以下的四項主題：


1.不當行為與常規管理。

2.教師知覺。

3.班級經營的效能。

4.師資培訓。

不過，必須事先加以說明的是，這些主題彼此之間並不是獨立的：有些關於常規管理的研究，所關心的是教師對於不同常規管理作法的知覺，或者是各種常規管理效能的比較，或是師資培訓對各種常規管理的影響等。不過，為了方便起見，我們還是把這些有所重疊的研究，作了分類的處理。

## 一、不當行為與常規管理

Doyle在一九八六年的文獻概覽之中，曾經花了許多的篇幅將「班級經營」（classroom management）與「班級常規的管理」二者作了明白的區分。他以為班級中的秩序良好與否，關鍵並不在於教師對於學生不當行為的反應如何，而是在於教師是否能在複雜的班級系統之中，妥善的安排各項功課與活動。當學生的不當行為出現時，教師為恢復班級秩序而採取的行動是否有效，關鍵在於教師對於班級中各項活動的安排，是否真正的井然有序。因此，他主張，若要瞭解班級的經營，有必要檢視教師如何在學生不當的行為發生之前，安排班級的各項事件，並且如何作有效的監看。換句話說，如Kounin（1970）所說的，教師能否掌握全局，以便防範學生不當行為的發生，才是班級經營成功與否的關鍵。

不過，就過去十多年而言，以學生不當行為與常規管理為主題的研究，仍然是一個受人注目的焦點。這方面的研究重點，主要還是在探討各種常規管理技巧的效能。然而，有關這方面實務作法的報導較多，但是真正深入比較其訓練效果的研究則並不多。比較值得注意是Ed Emmer和Amy Aussiker（1990）二人，在一篇一九八七年於美國教育研究協會年會中班級經營「專門興趣小組」所發

表的論文中，針對幾種不同的以教師常規管理為內容的訓練方案（如教師效能訓練、果斷紀律、現實治療、阿德勒方案等）之效果所作的研究，作了相當詳盡的概覽。正如同我們所預期的，Emmer和Aussiker（1990）指出，在這方面嚴謹的研究並不多見。而且，除了以教師的自陳報告為指標的研究，顯示較好的效果之外，以學生的認知或情意的學習結果為指標的研究，所顯示的研究結果即不見得一致。

如前所述，有關學生不當行為與教師常規管理的研究，多半是受到臨床心理學和人格心理學影響，所關心的是學生個人是否樂於認真參與學校的各項活動，並且認真從事各項課業的活動。然而，在這個領域之中，也有一些研究者如Mary McCaslin（1990）嘗試以Vygotsky的自我調整學習（self-regulated learning）的觀點，探討教師如何在班級的脈絡中，激發學生中的學習動機；又如Brophy（1988）的論文強調教師如何在班級的脈絡中，教導學生自我控制和自我輔導的策略；值得我們注意。

我們以為，除了前引的少數研究之外，有關不當行為與常規管理的研究，似乎都沒有注意到Doyle（1986）所強調的：若是離開了班級的脈絡，來研究不當行為與常規管理的策略，無論是對於班級經營概念架構的建立，或是班級實務知識的累積，都不會有太大的貢獻。

## 二、教師知覺

以教師所知覺到的班級經營和常規管理策略為題的論文，在美國教育研究協會年會中，定期都會出現。這方面的研究具有相當久遠的傳統，主要在探討教師的信念和態度。最早的研究，是由Wickman（1928）開始，比較臨床心理學者和教師，對於學生在班上所

表現的不當行為和社會退縮行為等的看法，是否有所差異。後來，由Willower, Eidel, & Hoy（1973）以教師為對象，對於管理學生所持有的意識形態（Pupil control ideology）所進行的研究等，帶動了其後許多以不同教育階段的教師為對象，探討其信念和態度的研究。當然，這些研究結果總會顯示，教師若持有某些看法或態度，比較能有效地處理學生的不當行為。

Doyle在一九八六年所作的文獻概覽之中，只是很簡略的提到這方面的研究，而未作深入的探討。其原因是，這些有關教師知覺、信念或是態度的研究，都是離開班級的脈絡來談問題的。當然，有關這方面研究的數據，很容易取得，但是，若從嚴謹的角度來看，這些研究的結果，很不容易作合理的解釋。

## 三、班級經營的效能

班級經營的研究者一向都比較注意班級的實務，因此，班級經營的效能即自然成為一個相當受到注意的主題。這方面的研究主要是以「過程——結果」（process-product）的派典為其標準的架構。換句話說，研究者企圖為班級經營的過程，尋找足以預測其結果的效標。這些效標，可能是：學生專注參與（student engagement）的程度、學生表現違規犯過或是不當行為的數量等，標準化的成就測驗也常被當作預測班級經營效能的指標。

在一九七〇和八〇年代，由Emmer, Evertson, Sanford，以及Clements等人在德州大學師範教育研究與發展中心所進行的多項大型的「過程——結果」式的研究，在班級經營的領域中，十分著名（Emmer & Evertson, 1981）。這套研究在班級經營研究史上，具有其劃時代的重要性，而且，根據其研究結果所形成的許多班級經營知識，也多為各級學校的教師所運用（Emmer, Evertson,

Clements, & Worsham, 1984, 1989, 1994；Evertson, Emmer, Clements, Worsham, 1984, 1989, 1994）。不過，後來這套研究的結果，被美國許多的學區行政當局轉而設計一些用以評鑑教師專業表現的工具。在某些情況當中，這些應用在教師評鑑上的作法，常常嚴重地扭曲了研究發現的本意，教師的教學表現也被這些細目化的評鑑項目弄得支離破碎，甚至只注意到一些細微末節。

Doyle在一九八六年所作的文獻概覽之中，對於班級經營效能的研究，並未積極提倡。關於這一點，Doyle（1990b）即指出，這類「過程──結果」式的研究，所能提供的知識大概已經到達其極限，而且此一研究的派典確實有其弱點和限制。同時，他還認為這方面的研究，對於行政人員找尋評鑑教師的工具比較有用，但是，對於協助教師瞭解班級事件和解決班級經營的問題而言，反而無多大用處。

## 四、師資培訓

Doyle（1986）在所作的概覽中指出，班級經營方面的師資培育和在職進修，是一個大有可為的研究領域。十多年來，這方面的研究並不少見。一九八九年，美國教育研究協會的年會中，即有以此為主題的專題討論會。

但是比較令人擔憂的是，這方面的研究清一色都是將班級經營效能方面的研究發現，直接應用在師資的培育或是教師在職進修上。不過，卻很少有人以班級經營的事例為題材，以個案討論的方法或是情境模擬的方法，讓教師能有機會針對班級經營的過程，作即時的推理或演練。這方面應該是很值得開發的一個領域。

綜上所述，Doyle（1986）所作的樂觀結論，並未真正實現。我們發現：

1.這些研究多半仍離不開「過程──結果」的派典，鍾情於班級經營效能的偵測與行政上的應用，而忽略了教師對於班級事件的認知與理解，在班級經營中介歷程所扮演的重要角色。

　　2.這些研究多半是離開了班級的脈絡來看問題。雖然，瞭解一般教師的知覺、信念或是態度，對於個別學生的行為輔導，有所助益。但是，卻因為忽略了班級的生態系統，而對於班級經營知識的建構，貢獻有限。


　　因此，不但班級經營的研究始終未能由教師常規管理策略，真正地轉移為班級結構和歷程等方面的研究，而且，建立班級經營的概念模式的作法也未能有所進展。檢討此中的原因，其關鍵就在於：班級經營的研究者仍然未察覺該領域，一向缺乏一個足以支持其有計畫地進行研究的強而有力的學術根基。此種情況，可以說是其來有自，淵源久矣。就學習心理學家而言，傳統上他們主要關心的都是教學與教導的研究，班級經營只是邊緣的問題，不一定受到重視。就臨床心理學家而言，長久以來在學生不當行為與常規管理的研究領域之中，占有重要的地位。但是他們的注意力，大多是放在個人的身上，對於脈絡、社會歷程，或是課程，則未予以重視。職是之故，班級經營就很難在教育或教學研究的主流之中，受到重視。

　　事實上，這個強而有力的學術根基，並不是不存在，而是未被班級經營的研究者所察覺。我們同意Doyle（1990）的說法，Kounin 和 Gump 所進行的以「漣漪效應」（ripple　effect）（Kounin　&　Gump,　1958）、「團體管理過程」（Kounin, 1970）、「活動結構」（Gump, 1969），以及「信號系統」（signal systems）（Kounin & Gump, 1974）等的研究，乃是班級經營研究的最高點。這些研究不只為嚴謹的班級經營研究建立了學術．

根基，也將班級經營的研究和民族誌、社會語言學，以及最近發展的認知科學等研究的領域取得連結。我們可以說，致力於揭開班級團體歷程真面目的Kounin，和極力建立班級生態系統架構的Gump二人所驅動的研究，不但為班級經營的研究建立了典範，更為當代有關班級和教師知識的理論和研究，奠下了基礎。Kounin打通了門戶，讓我們重新把班級當作複雜的社會系統來思考，而Gump則為此一獨特的行為安頓（setting）的組成（textures）和節奏（rhythms），作了概括的描述。

我們應該重行注意到類此研究的重大意義。Kounin和Gump所提供的工具，使我們能仔細地就班級脈絡中的事件結構加以檢視。另外，我們也可以在認知科學家們有關「情境認知」（situated cognition）（Brown, Collins, & Duguid, 1989）、「日常生活中的認知」（everyday cognition）（Lave, 1988）及「事件知識」（event knowledge）（Nelson, 1986）等的著作中，皆顯示有關事件的描述，為瞭解人類知識的結構、詮釋的過程，以及問題索解的活動等，提供了有力的論點。在這些基礎上，我們以為班級經營的研究，應該成為班級理論和班級研究，乃至於教師思考等教學研究的基礎。

以下一節即在重新檢視由Kounin和Gump啟導，而由Doyle發揚光大的，以班級脈絡為基礎、以班級活動與班級事件為核心、以課程和課業的施行為內涵的另類派典。希望此一另類派典的再提出，能使吾人逐漸擺脫過去「過程──結果」的派典，以「脫離班級脈絡」（classroom decontextualized）及「不同學科通用」（content-free）的思考模式，而能直接逼近班級經營的真諦。

# 叁、班級經營的另類派典

## 一、班級經營的基本單位：活動

致力於描述班級事件和班級歷程的結構或行為背景的「區位心理學者」（ecological psychologists，如Gump, 1967, 1982；Ross, 1984），把班級視為師生所聚合的一個「有所感受的脈絡」（tangible context）。從這個觀點來看，班級就是由許多環繞著、且規制師生行為的「活動」片段，所組成的「生態行為單位」（an ecobehavioral unit）或是「行為的安頓」（a behavior setting）。依據此一說法，班級中的各項經營任務皆應以「活動」為其基本的單位。

依據Emmer, Evertson, Sanford, Clements及Worsham (1989, 1994) 等人的說法，所謂「活動」是指由師生共同參與，以實現教育目標為主旨的「經過組織的行為」（organized behaviors）。它通常占有一段時間（block），或為三、五分鐘，或為十或二十分鐘，或是更長的時間；每項活動皆有其特定的行動目標、內涵或重點、學生編組的方式、行為表現的型態等。研究班級組織與經營的學者如Berliner (1983a)，Doyle (1984, 1986, 1990a, 1990c)，Evertson (1989)，Gump (1967, 1982)，Silverstein (1979) 等人，即以「活動」為班級經營工作的基本單位。此一基本單位，比傳統的以四十分鐘、四十五分鐘，或是五十分鐘為一「節」略小。每節課總是由若干個段落的活動組合而成。

學者對於活動的分類，各有不同：或為十一種（Berliner,

1983a)　，或為十七種（Stodolosky, Ferguson, & Wimpelberg, 1981)　，或為五十三種（Yinger, 1977)　，不一而足。由Schaffer, Nesselrodt, & Stringfield (l991)　等人所發展的「特別教學策略觀察系統」（Special Strategies Observation System, SSOS)　，可作為代表。該項觀察系統把班級活動劃分為十五項：發展性活動——教師講解（teacher presentation of content)　；發展性活動——大班複誦／討論（recitation/discussion)　；作業指示（directions for assignments)　；個別的座位習作（in-dividualseat work)　；配對或小組式座位習作（Pairsor group-seatwork)　；學生發表（studentpresentation)　；小組教學（small group in-struction)　；測驗（tests)　；陳述教室規定／行為規則（procedural/ behavioral presentation)　；例行性事務工作（administration)　；核對作業或考卷（checking)　；活動轉換（transition)　；非課業性活動（non-academic activ-ity)　；等候學習（waiting)　；教室常規管理（discipline)　等。

　　班級當中所進行的的每一項活動，皆各界定了一項「行動的方案」（program of action)　，為班級中所發生的事件，標定了方向，並且順著一條路徑，以既定的步調，把師生「拉」著向前行進（Gump, 1982)　。「行動方案」設定了座位的排列方式、所採用的教材或教學媒體、教學方法……等等活動的方式。班級所進行的活動型態不同，其「行動方案」即有所不同（Au, 1980；Doyle, 1979, 1984； Gump, 1967, 1969；Philips, 1972； Ross, 1984； Stodolsy, Ferguson, & Wimpelberg, 1981； Yinger, 1980)　。例如，在「座位習作」的活動中，學生必須獨白坐在座位上，認真針對某一單獨的信號來源，諸如教科書或是作業單，在一段特定的時間內完成指定的課業。另外一方面，在大班複誦與討論的活動中，學生則必須適時發言，並且隨時注意來自多方面的信號系統。

於是，所謂的「秩序」，就是指在可以接受的範圍之內，學生們遵循「行動方案」，所形成的「井然有序又和諧」（orchestration）的狀態（Doyle, 1986）。一個秩序井然的班級，就是指學生們能表現配合教師所欲實施活動的行為，並且能遵循這些活動的「行動方案」。而所謂的「不當行為」，則是指任何對於此一「活動流」（activity flow）的進行，有所妨礙或是破壞的行為，或者，是指把班級的活動流帶到了另一個方向，而使得原有活動的目標無法完成。總之，如果未在班級中建立一套活動的系統，並且使其發生作用，那麼，再多的常規管理行為，也都無法建立班級的秩序。

班級活動的類型與學生的行為表現，有密切的關聯。而且，對於教師而言，活動的類型不同，在班級經營上，即會有不同的壓力。Gump（1967）針對三年級的班級，以「依時間流程拍攝的照片」為依據，探討活動類型和學生專注參與之關係的研究，保留了相當完整的資料。他發現學生專注參與的程度，在教師主導的小組教學中為最高（92%），而在學生發表時最低（72%）。在這兩個極端之間，如大班複誦／討論、測驗和教師講解等活動，學生專注參與的程度較高（大約80%），而在教師督導下作功課，和沒有教師督導的個別的座位習作則稍低（大約75%）。此外，教室中家具的擺設（如圓形、U字形、行列型），桌椅的型式（在美術、工藝、科學實驗室等專科教室，應該擺設特別的桌椅還是傳統的桌椅），隔間的設置（如書櫃或檔案櫃隔間）等等，都會影響到學生的疏密狀態、互動的機會，及學生行為的能見度，也因而影響到學生不當行為的發生，以及教師處理這些不當行為的作法（Doyle, 1986；Gump, 1967；Weinstein, 1979）。一般而言，空間結構愈鬆散，且「行動方案」的力量愈薄弱，則產生不當行為的機率愈大。同樣的，學生可以做的選擇愈多，移動的機會愈大，且所發生的交互作用愈複雜，則教師所必須採取的建立與維持秩序的行動即愈多

(Kounin & Gump, 1974； Doyle, 1990c) 。

　　總之，班級經營的首要任務應該不再只是處理學生的「不當行為」，或者是「學生專注參與」的問題。這二項問題並不是不重要，但是，教師經營班級的心力，不能全部都放在這些問題之上。事實上，學生專注參與以及少有不當的或是違規犯過的行為，乃是良好的班級組織與經營的副產品。在這個基礎之上，教師所應擔負的經營工作，就主要是如何建立與維繫班級中的活動系統。

## 二、班級經營的任務：活動的順遂進行

　　有關班級經營的研究指出，在開學頭幾天，一個班級的秩序表現如何，可以預測以後的一學期、甚至是一年當中，該班學生專注參與的程度，以及其班級教學的進行是否順利。大多數的研究皆指出，在學期開始的時候，成功的班級經營者會以簡單化（simplicity）、熟悉化（familiarity）及例行化（routinization）等基本原則，來建立秩序。換句話說，開學伊始，教師所安排的活動應該是具有比較簡單的組織結構、學生比較熟悉，且習慣了的活動（如大班講課、座位習作，而非較複雜的分組活動）。同時，教師在前幾週應該重複相同型態的活動，使學生熟悉標準化的手續，並且提供機會練習之。這種使活動程序慣例化的作法，因為學生可以很容易地掌握行動的要領，而使得班級所發生的事件，不容易受到破壞，因而可以協助班級秩序的維繫。

　　在班級秩序的建立和維持的過程中，「監看」扮演了關鍵的角色。教師必須能確實掌握班上的一切動態，並且有能力同時處理二件或是二件以上的事件（Kounin, 1970）。一般而言，「監看」的對象，大致包括三方面。第一，教師必須監看的是整個班級團體，那也就是說，教師必須瞭解教室裡所發生的任何一件事情，以及整

個活動的系統是否進行地很順遂。而且，教師對於個別學生的注意，一定要落在較寬廣的、班級整體的活動架構之中。第二，教師必須監看學生的行為表現，特別是要看這些表現和預定的「行動方案」，是否有差距。此舉可使教師及早發現學生的不當行為，並且選擇必須介入處理的適宜目標。第三，教師必須監看班級事件的步調、律動，以及久暫（Arlin, 1982；Doyle, 1986, 1990a, 1990c；Erickson & Mohatt, 1982；Gump, 1982）。如果班級事件的活動流，被嚴重的耽誤了，或是活動的進行方向有了突兀的轉變，則學生很容易有不當行為或是破壞的行為出現。

## 三、學生課業的安排：班級經營的另一課題

最近，班級經營方面的研究發現教師所規定的、學生必須完成的功課（即課業，academic tasks）的類型，對於班級的秩序有所影響。這是因為課業是班級活動的「行動方案」中的重要成分，所以，與班級的經營有密切的關聯。課業活動的進行，不能脫離學科的教學。因此，學者們也開始針對學生在不同學科中，所須完成的課業，及其與教師班級經營的關係，進行研究（Doyle, 1983, 1990, 1990c；Doyle & Carter, 1984；Doyle, Sanford, Clements, French, & Emmer, 1983；Cornbleth & Korth, 1983；Erickson, 1982）。

有關班級中課業的研究顯示，如果所進行的課業，已經成了慣例，而且學生也很熟悉其程序（如抄寫課文、做一些機械式的練習題），則班級的活動流就會顯得平順且井然有序。如果所進行的是學生所不熟悉的課業，或者是比較複雜的課業，學生必須針對課業的內涵加以詮釋，並且重行學習完成課業的程序，才可能完成該項課業（如文字題或是作文），則班級的活動流，就會顯得緩慢而不

平順，因而教師的班級經營作法就會受到影響。更有進者，通常學生會針對課業的模糊不清及所必須承擔的責任，直接和教師進行協商，以便更清楚地把握所必須完成的課業之特性，或是要求教師降低評分標準的嚴格程度。教師針對這些壓力所作的反應，有時候會乾脆把一些複雜的課業完全刪除。不過，教師通常的作法是，把課業所要求完成的作品，作更明確的規定，並且對於完成課業所須遵循的步驟，重新加以說明，因而把課業的要求及計分的方式，重新加以界定，或是簡化之。如果真的有這種情形發生的時候，學生的注意力即轉而為正確答案的獲得，以及課業的完成，至於是否由課業中獲得什麼意義，或是因而磨練一些深層活動的運思，則不是學生所關心的。結果，設計課業活動的原意，即完全失去了。總而言之，課業的性質範定了教師班級經營工作的負擔。顯然，不熟悉的或是複雜的課業，擴張了班級經營的眼界，並且增加了教師經營班級活動的工作負擔（Doyle, 1990c）。

這裡似乎顯示，為了減輕班級經營的壓力，教師往往會降低課業活動的複雜度，因而使學生減少了較高層次目標的學習機會。有關教師期望及教師差別對待學生的研究指出，教師不常指名程度較低的學生發言，在大班教學時，也很少有機會回答教師所問的問題（Brophy, 1983；Good, 1981）。換言之，有些教師會以排除程度較低學生的參與機會，來解決大班教學時的班級秩序問題。從班級經營的觀點來看，這樣的舉動是可以理解的。但是，這樣做卻限制了某些學生學習的機會。由此可知，教師課業活動的進行與班級的經營二者之間，有著相當程度的緊張。

諸如此類的問題，給我們的啟示是，班級經營不能忽略教學內容和課業活動的安排。更有甚者，若不考慮課程與教學的運作，而奢求成功的班級經營，或是不考慮班級經營的運作，而奢求良好課程與教學的設計，都是不實際的。

# 肆、結語：另類派典的另類思考

　　班級秩序乃是「不能脫離班級脈絡的」（context specific），許多股的力量在班級的脈絡中，獲致微妙的平衡。班級秩序的基礎相當脆弱，往往會因為教師或學生所犯的某些錯誤，或是突發的事件，就把整個秩序弄亂。教師對於班級秩序的經營，絕非一蹴可幾，也非一勞永逸，而必須步步為營，小心運籌帷幄。班級經營的壓力，乃是長期且持久的，而且，教師必須毫不間斷地監看學生，掌握全局，以確保教學計畫的順利進行。

　　由此觀之，若要在班級中進行成功的班級經營，教師必須有詮釋班級脈絡、預見班級事件走向，並且迅速地作出合理的決定等能力。換句話說，班級經營乃是一項複雜的認知活動，其知識的基礎乃是建立於班級事件可能依循的軌跡，以及班級成員（以師生為主）的行動方式之上（Connelly & Clandinin, 1986）。

　　過去，以「實證」、「量化」為基礎的班級經營研究方式，確曾為教師提供許多有用的技巧，但卻也使得教師將複雜的班級生態，作了過度簡單的化約，以為只要照著一些「食譜式」的行事規則，就可以把班級帶得秩序井然，或者是只要遵循一些「系統化的」教學步驟，就可以把教學活動進行的順遂自然。這樣的思考模式忽略了班級生態系統的複雜性。

　　Jackson（1968, 1990）試著探討班級「班級的生活世界」的性質，揭露了班級中複雜的社會現象。Doyle（1986）更指陳班級環境有六項內蘊的性質（intrinsicnature）：人多事雜（multidimensionaility）；同時發生（simultaneity）；快速急切（immediacy）；難予預測（unpredictability）；公開無私

（publicness）；歷史因果（history）。不論班級中學生的背景如何，也不論教師的教學理念如何，這些性質是普遍存在於各個班級的。而且，這些性質對於師生在班級環境中的各項活動，皆會有相當大的影響。

在這項思考模式的基礎之上，Doyle（1986, 1990a, 1990b, 1990c）所提出的另類派典，將班級經營由「班級常規的管理」拉回到「班級活動的組織與經營」不過，若僅止於此，而不就班級成員的思想言行所具有的深層結構，作進一步的理解，則對於班級生活世界的瞭解仍會失之於淺薄。Vygotsky（1978, 1986）提醒我們，文化、歷史和機構的因素反映且塑造了個人的心理歷程與行為（Moll, 1990）。Bowers & Flinders（1990）則希望我們能瞭解班級原來是一個充滿著濃郁政治和倫理氣息的生活世界。進而能在這個多元文化的班級情境當中，採取較為敏感的且具有探索性的班級教學與經營的理念。這一點，是在我們重行提出班級經營的另類派典時，必須放在心上的另類思考。

# 參考文獻

1. 行政院教育改革客談委員會（民85），〈教育改革總諮議報告書〉，台北，行政院教育改革審議委員會。

2. 柯華葳（民77），〈教室規矩：一個觀察研究報告〉。收於國立屏東師範學院主編，《質的探討在教育研究上的應用學術研討會論文集》，73-116頁。五月二十——二十一日。

3. 柯華葳，（民82），〈班級常規管理的思考歷程〉。收於黃政傑、李隆盛主編，《班級經營——理念與策略》，213-228頁，台北，師大書苑。

4. 施慧敏（民83），〈國民小學常規管理問題之研究〉，國立台灣師範大學教育研究所碩士論文。

5. 張靜儀（民80），〈國民小學三位自然科學教師班級經營之觀察研究〉，國立屏東師範學院，初等教育研究，三期，329-361頁。

6. 張秀敏（民82），〈國民小學一年級優良教師開學初班級經營之個案觀察研究〉，收於國立屏東師範學院主編，《班級經營學術研討會論文集》，149-189頁。

7. 張秀敏（民84），〈國小一、三、五年級優良教師班級常規之建立與維持之比較研究〉。國立屏東師範學院，屏東師院學報，八期，1-42頁。

8. 張秀敏（民84），〈模範教師的教室管理個案研究〉，台北，行政院國家科學委員會科資中心。

9. 張秀敏（民85），〈屏東縣忠孝國小班規及例行活動程序建立情形之調查研究〉，國立屏東師範學院，屏東師院學報，九期，63-96頁。

10. 張靜儀（民82），〈自然科教室管理——一個觀察研究報告〉。

收於國立屏東師範學院主編，《班級經營學術研討會論文集》，261-278頁。

11.陳碧雲（民84），〈初任科學教師班級經營的面貌與成長〉，國立彰化師範大學科學教育研究所碩士論文。

12.劉榮裕（民84），〈國小級任教師班級經營領導模式與學業成就相關之研究〉，國立政治大學教育研究所碩士論文。

13.陳雅莉（民83），〈教師教育信念與班級經營成效關係之研究〉，國立台北師範學院初等教育研究所碩士論文。

14.陳木金（民86），〈國民小學教師領導技巧、班級經營策略與教學效能關係之研究〉，國立政治大學教育研究所博士論文。

15.陳伯璋（民85）：〈教育學門內容規劃之研究成果報告〉，行政院國家科學委員會計畫編號NSC- 84-2745-H-026-001。

16.葉興華（民83），〈國小級任教師班級管理問題之研究〉，國立台灣師範大學教育研究所碩士論文。

17.Au, K. H. (1980). Participation structures in a reading lesson with Hawaiian children：Analysis of a culturally appropriate instructioal event. *Anthropology and Education Quarterly, 11,* 91-115

18.Anderson, L., Evertson, C., & Brophy, J. (1979). An experimental study of effective teaching in first-grade reading groups. *The Elementary School Journal,79,* 193-233.

19.Arlin, M. (1982). Teacher responses to student time differences in mastery learning. *American Journal of Edcuation. 90,* 334-352.

20.Berliner, D. C. (1983a). Developing conceptions of classroom environments：Some light on the T in classroom studies of ATI. *Educational Psychologist, 18,* 1-13.

21.Bowers, C., & Flinders, D. (1990). *Responsive teaching* : *An ecological approach to classroom patterns of language, culture, and thought.* New York, NY : Teachers College Press.

22.Brophy, J. E. (1983). Classroom organization and management. *The Elementary School Journal, 83*(4), 265-486.

23.Brophy, J. E. (1988). Educating teachers about managing classroom and students. *Teaching and Teacher Education,* 4, 1-18.

24.Brophy, J. E., & Evertson, C. (1976). *Learning from teaching : A developmental perspective.* Boston : Alien & Bacon.

25.Brown, J. S., Collins, A., & Duguid, J. (1989). Situated cognition. *Eudcational Researcher, 18,* 32- 42.

26.Cazden, C. B. (1986). Classroom discourse. In M. C. Wittrock (Ed.), *Handbook of research on teaching* (3rd ed.) (pp. 432-463 ). New York : MAcmillan.

27.Connelly, F. M., & Clandinin, D. J. (1986, April). On narrative method, personal philosophy, and narrative unities in the story of teaching. *Journal of Research in Science Teaching, 23*(4), 293- 310.

28.Cornbleth, C., & Korth, W. (1983, April). *Doing the work : Teacher perspective and meanings of responsibility.* Paper presented at the annual meeting of the American Educational Research Association, Montreal.

29.Doyle, W. (1979). Making managerial decisions in classrooms. In D. L. Duke (Ed.), *Classroom management* (78th yearbook of the National Society for the Study of Education, Part 2) (pp. 42- 74). Chicago : University of Chicago Press.

30.Doyle, W. (1983). Academic work. *Review of Educational Research, 53*(2), 159-199.

31.Doyle, W. (1984). How order is achieved in classrooms : An interim report. *Journal of Curriculum Studies, 16*(3), 259-277.

32.Dolyle, W. (1986). Classroom organization and management. In M. C. Wittrock (Ed.), *Handbook of research on teaching* (3rd ed.) (pp. 392-431 ). New York : MAcmillan.

33.Doyle, W. (1990a). Classroom management techniques. In O. C. Moles (Ed.), *Student discipline strategies : Research and practice* (pp. 113-127). Albany : State University of New York Press.

34.Doyle (1990b). *What happened to all the research in classroom management.* Paper presented in American Educational Research Assocation. San Francisco, March 19-23.

35.Doyle, W. (1990c). Classroom knowledge as a foundation for teaching. *Teachers College Record, 91*(3), 347-360.

36.Doyle, W., & Carter, K. (1984). Academic tasks in classrooms. *Curriculum Inquiry, 14*(2), 129-149.

37.Doyle, W., Sanford, J. P., Clements, B. S., French, B.S., & Emmer, E. T. (1983).*Managing academic tasks : Interim report of the iunior high school study* (R & D Rep. 6186). Austin : University of Texas, R & D Center for Teacher Education, Austin.

38.Dreeben, R. (1983). The school as a workplace. In R. M. W. Travers (Ed.), *Second handbook of research on teaching* (pp. 450-473). Chicago : Rand McNally.

39.Dreikurs, R. (1957). *Psychology in the classroom : A manual for teachers.* New York : Harper & Row.

40.Duke, D. L. (Ed.). (1979). *Classroom management* (78th yearbook of the National Society for the Study of Education, Part 2). Chicago : University of Chicago Press.

41.Duke, D. L. (Ed.). (1982). *Helping teachers manage classrooms.* Alexandria, VA : Association for supervision and Curriculum Development.

42.Emmer, E. T., & Evertson, C. M. (1981). Synthesis of research on classroom management. *Educational Leadership, 38*(4), 342-347.

43.Emmer, E., Evertson, C., & Anderson, L. (1980). Effective classroom management at the beginning of the school year. *Elementary School Journal, 80*(5), 219-231.

44.Emmer, E. T., & Aussiker, A. (1990). School and classroom discipline programs : How well do they work? In O. C. Moles (Ed.), *Student discipline strategies : Research and practice*(pp. 129- 165). Albany : State University of New York Press.

45.Emmer, E. T., Evertson, C. M., Clements, B. S., & Worsham, M. E. (1984). *Classroom management for secondary teachers.* New York : Prentice Hall.

46.Emmer, E. T., Evertson, C. M., Clements, B. S., & Worsham, M. E. (1989). *Classroom management for secondary teachers* (2nd ed.). New York： Prentice Hall.

47.Emmer, E. T., Evertson, C. M., Clements, B. S., & Worsham, M. E. (1994). *Classroom management for secondary teachers* (3rd ed.). Boston, MA： Allyn Bacon.

48.Evertson, C. M., Emmer, E. T., Clements, B. S., & Worsham, M. E. (1984). *Classroom management for elmentary teachers*. New York： Prentice Hall.

49.Evertson, C. M., Emmer, E. T., Clements, B. S., & Worsham, M. E. (1989). *Classroom management for elmentary teachers*. New York： Prentice Hall.

50.Evertson, C. M., Emmer, E. T., Clements, B. S., & Worsham, M. E. (1994). *Classroom management for elmentary teachers*. Boston, MA： Allyn Bacon.

51.Erickson, F. (1982). Taught cognitive learning in its immediate environment： A neglected topic in the anthropology of education. *Anthropology and Education Ouarterly, 13,* 149-180.

52.Erickson, F., & Mohatt, G. (1982). Cultural organization of participation structures in two classrooms of Indian students. In G. Spindler (Ed.), *Doing the ethnographv of schooling*(pp. 132-174). New York： Holt, Rinehart & Winston.

53.Glasser, W. (1989). *Schools with failure*. New York： Harper & Row.

54.Good, T. L., & Grouws, D. A. (1975). *Process-product relationships in fourth-grade mathematics classrooms* (Grant No. NEG-00-3-0123). Columbia： University of Missouri,

College of Education.

55.Good, T. L. (1981). Teacher expectation and student per-
ceptions：A decade of research. *Educational Leadership,
38,* 415-422.

56.Goss, S. S., & Ingersoll, G. M. (1981). *Management of dis-
ruptive and off-task behaviors：Selected resouces.* Washin-
gton, DC：ERIC Clearing house on Teacher Education.

57.Gump, P. V. (1967). *The classroom behavior setting：Its
nature and relation to student behavior* (Final report).
Washington, DC：U. S. Office Service No. Ed 015 515)

58.Gump, P. V. (1969). Intra-setting analysis：The third
grade classroom as a special but instructive case. In E.
Williams & Rausch (Eds.), *Naturalistic viewpoints in psy-
chological research*(pp. 200- 220). New York：Holt, Rine-
hart & Winston.

59.Gump, P. V. (1982). School settings and their keeping. In
D. L. Duke (Ed.), *Helping teachers manage classrooms* (pp.
98-114). Alexandria, VA：Association for supervision and
Curriculum Development.

60.Jackson, P. (1968). *Life in classrooms.* New York：Holt,
Rinehart & Winston.

61.Jackson, P. (1990). *Life in classrooms.* New York：
Teachers College Press.

62.Johnson, M., & Brooks, H. (1979). Conceptualizing class-
room management. In D. L. Duke (Ed.), *Classroom mange-
ment* (78th yearbook of the national Society for the Study
of Education, Part2). Chicago：University of Chicago

Press.

63. Kounin, J. S. (1970). *Discipline and group management in classrooms*. New York： Holt, Rinehart & Winston.

64. Kounin, J. S., & Gump, P. (1958). The ripple effect in discipline. *The Elementary School Journal, 59,* 158-162.

65. Kounin, J. S., & Gump, P. (1974). Signal systems of lesson settings and the task related behavior of preschool children. *Journal of Educational Psychology. 66,* 554-562.

66. Lave, J. (1988). *Cognition in practice.* Boston：Cambridge.

67. Lortie, D. C. (1973). Observation on teaching as work. In R. M. W. Travers (Ed.), *Second handbook of research on teaching.* Chicago： Rand McNally.

68. McCaslin, M. (1990). *Promoting self-regulation： Individual differences.* Paper presented in American Educational Research Assocation. San Francisco, March 19-23.

69. Moll, L. C. (Ed.) (1990). *Vygotsky and education： Instructional implications and applications of sociohitorical psychology.* Cambring： Cambridge University Press.

70. Nelson, K. (1986). *Event knowledge： Structure and function in development.* Hillsdale, NJ : Erlbaum.

71. O'Leary, K. D., & O'Leary, S. C. (1977). *Classroom management： The successful use of behavior modification* (2nd ed.). New York： Pergamon.

72. Philips, S. U. (1972). Participant structures and commuicative competence： Warm Springs children in community and classrooms. In C. B. Cazden, V. P. Johns, & D. Hymes (Eds.), *Functions of Language in the classroom.*

New York : Teachers College Press, Columbia University.

73.Ross, R. P. (1984). Classroom segments : The structuring of school time. In L. W. Anderson (Ed.), *Time and school learning : Theory, research and practice.* London : Croom Helm.

74.Schaffer, E., Nesselrodt, P. S., & Stringfield, S. C. (1991). The groundings of an observation instrument : The teacher behavior-student learning research base of the Special Strategies Observation System. 發表於國立高雄師範大學主辦,國際性「學校有效教學與管理」學術研討會。民八十年九月二十六、二十七日。

75.Sheviakov, G. V., & Redle, F. (1944). *Discipline for today's children and youth.* Washington, DC : National Education Association, Derpartment of Supervision and Curriculum Development.

76.Silverstein, J. M. (1979). *Individual and environmental correlates of pupil problematic and nonproblematic classroom behavior.* Unpublished doctoral dissertation, New York University.

77.Slavin, R. E. (1980). Cooperative learning. Review of Educational Research, 50(2), 315-342.

78.Smith, L. M., & Geoffrey, W. (1968). *The complexities of an urban classroom.* New York : Holt, Rinehart & Winston.

79.Stodolosky, S. S., Ferguson, T. L., & Wimpelberg, K. (1981). The recitation persists, but what does it look like? *Journal of Curriculum Studies, 13,* 121-130.

80.Symonds, P. M. (1934). *Mental hygiene of the school child.* New York : Macmillan.

81.Vygotsky, L. S. (1978). *Mind and society : The development of higher psychological processes* (M. Colw, V. John-Steiner, S. Scribner, and E. Souberman, eds.). Cambridge, MA : Harvard University Press.

82.Vygotsky, L. S. (1986). *Thought and language.* (Kozulin eds. and trans). Cambridge, MA : MIT Press.

83.Weinstein, C. S. (1979). the physical environment of the school : A review of the research. *Review of Educational Research, 49*(4), 577-610.

84.Wickman, E. K. (1928). *Children's behavior and teachers' attitudes.* New York : Commonwealth Fund.

85.Willower, D. J., Eidell, T. L., & Hoy, W. K. (1973). *The school and pupil control ideology* (Penn State Studies No. 24). University Park : Pennsylvania State University.

86.Yinger, R. J. (1977). *A study of teacher planning : Description and theory development using ethnograp hic and information processing methods.* Unpublished doctoral dissertation, Michigan State University, East Lansing.

87.Yinger, R. J. (1980). A study of teacher planning. *Elementary School Journal, 80,* 107-127.

# 國民中學能力編班制度的省思

楊惠琴

## 壹、緒論

　　我國國民中學編班制度以能力編班與常態編班為兩大主流，政策上以常態編班為原則，而實施上則是兩種方式並行。自民國五十八年教育部頒定「國民中學學生編班原則」，至民國八十六年的「國民中學學生編班實施要點」，前後歷經八次修訂，都是以常態編班為主。然而經過學者專家多次的調查研究發現，能力編班仍是多數學校的普遍措施。有鑑於長期以來的未能貫徹執行既定政策，教育部於民國八十六年又重申，八十六學年度起全國各縣市不分公私立國中，一律實施常態編班，國二開始則容許學生「跑教室」，分科辦理能力分組教學，但學生的「母班」仍需實施常態編班，不得變相為能力分班。接著民國八十六年七月通過的「國民中學學生編班實施要點」，九月開始各校國中一年級必須以抽籤、採用國小在校成績或智力測驗成績等方式實施常態編班，並依高低或先後順序排列，再依S型分班方式編班。例如，將國小成績或智力測驗成績第一到第六名學生分別編到一至六班，第七名學生則到第六班，第八名學生到第五班，依此類推，以達成常態編班的目標。

　　雖然教育部在政策上一貫地宣示常態分班的施行，然而在升學

聯考、以成績爲取向的教育制度下，有爲數相當多的國民中學公然地實施能力分班。根據馮淸皇（民86）對台北市國民中學編班政策所進行的調查研究發現，「常態編班在臺北市未獲全面性的落實，仍有三成的學校實施非法定的編班方式。」另外，在教育部宣布八十六學年度國中入學新生將強制全面實施常態編班之後，《中國時報》（民86）以臺灣地區的住宅電話爲抽樣母群體進行系統抽樣，有效樣本六百二十位成人，男女各半，其結果發現，「雖然有48.8%的人贊成國中應採取常態編班，但支持能力編班者也達31.3%；此外，有54.9%的人覺得教育部全面實施常態編班的政策，將面臨跳票的危機。」由這些調查顯示，根本上需要從釐淸社會大衆對於常態編班的疑慮，認淸能力編班之缺點與限制，才能凝聚共識，貫徹政策的執行。以下擬從編班方式的演進，常態編班的意義、假設，混合能力編班，與同質性、異質性團體的論爭，進行觀念上的澄淸。

## 貳、國中編班方式的演進

在升學聯考制度下，國民中學的編班方式備受各方矚目，從民國五十八年教育部開始明定編班方式，到民國八十六年八月新公布的編班方式爲主，前後修訂共八次之多（顏國樑，民86），由下述分析便可得知，除了民國五十八年的「國民中學學生編班原則外」，自民國六十八年以來的七次修訂編班要點，一貫地宣示以常態編班爲原則，嚴禁實施固定式的能力分班。

1.民國五十八年七月教育部頒布「國民中學學生編班原則」，規定各校可依下列六種方式來辦理：地區、註冊先後、身高次序、能力、平均能力或依能力分組。然而在實施上大多數學校皆採階梯

式能力編班。根據教育部於民國六十年八月的調查發現，各校爲提高升學率，事實上大多數採取階梯式能力編班，而有所謂的「好班」、「壞班」、「升學班」、「放牛班」等名稱產生（張春興、郭生玉，民73）。

2.民國六十八年八月訂頒「改進國民中學學生編班試行要點」，明定一年級一律實施常態編班，自二年級起得視需要實施學科能力分組教學或混合能力編班。至於實施混合能力編班時，應以學業成績或智力爲標準，分爲班數相近的上下兩段，然後再將兩段學生各自混合平均分班。三年級爲加強職業選科或技職教育，得視實際需要依下列原則實施分班教學：注重個別差異、加強社會適應、配合課程內容與教師專長、增進教學效果、因應學校規定或發展學校特性。

3.民國七十一年七月頒「國民中學學生編班實施要點」，規定一年級一律實施常態編班，自二年級起得視需要，在常態編班的基本班級下，實施學科能力分組教學或二段式混合能力編班，三年級除技藝教育班外，不得分編固定式的就業班或升學班。

4.民國七十二年再修訂「國民中學學生編班實施要點」，除了在原第九條加列「學校於編班時，對於行政機關所指定的重點發展學校應予配合外」，其餘與七十一年編班規定相同，規定國中一律實施常態編班，嚴禁實施固定式能力分班。

5.民國七十四年重新修訂「國民中學學生編班實施要點」，規定一年級一律實施常態編班，強制自二年級起部分實施學科能力分組教學，三年級可依學生志願實施選修分組教學，嚴禁實施固定式能力分班。實施學科能力分組教學，得於每學期或學期中視學生進步狀況，或學生適應情形，調整其所屬組別。

依據臺灣省中等學校教師研習會（民80）之研究發現，臺灣地區各國中所採取的編班方式有78.29%的學校未依教育部規定編班，

其中更有高達41.46％仍採取民國七十一年公布之編班方式，更有18.05％從一年級起便開始能力分班。

6.民國八十年再修訂「國民中學學生編班實施要點」，規定一年級一律實施常態編班，二年級以一年級原班直升，不得重新編班。三年級在常態編班原則下，依據課程標準選修辦法、學生意願及各校資源，進行各種進路輔導教學，以因應學生興趣、性向及需要等個別差異。

7.民國八十一年教育部為配合「國民中學自願就學輔導方案」，重新修訂「國民中學學生編班實施要點」，規定一年級一律實施常態編班，二年級、三年級應維持以一年級常態編班，不得再重新編班，三年級在常態編班原則下，依據課程標準選修辦法、學生意願及各校資源加以分組，進行各種進路輔導教學。如有實施特殊教育試辦實驗教育方法，或經指定重點發展單項運動，需要其他適當之編班方式予以配合者，亦經主管教育行政機關核准後辦理。

8.民國八十六年教育部為配合八十九學年度實施的高職免試多元入學政策，及九十學年度實施的高中免試多元入學政策，重新修訂「國民中學學生編班實施要點」，仍規定一年級一律實施常態編班，二年級、三年級應維持以一年級常態編班，不得再重新編班，三年級在常態編班原則下，依據課程標準選修辦法、學生意願及各校資源加以分組，進行各種進路輔導教學，並加強技藝教育。另外為適應學生個別差異，二年級得就英語、數學一或二科分別實施分組教學；三年級得就英語、數學、理化一或三科分別實施分組教學，其中數學、理化二科得合併為同一組。

## 叁、能力編班的意義

　　將學生依能力或成就的高低分成不同的教學組是一種非常普遍的措施，它以不同的型式呈現出來。可以是在單一班級裡暫時將學生分成不同的組，也可以是將學生分配到不同課程的班級裡；學生可能是依各學科來分類，也可能是依整體學業成就來分類，後者即依整體學業成就分類，乃是我國國民中學實施能力分班的依據。

　　不管能力編班或能力分組是以什麼方式進行，其本質就是一種分類（sorting），將學生依據某種可預測的特質加以分類（Oakes, 1985），通常分類的步驟包括四點。首先，將學生以相當公開的方式認定其智能或成就表現，依其智能或成就表現的高低而分配到不同的教學組或班級層級系統。第二、隨後，學校教育人員將這些教學組或班級公開地標籤化，而在教師及其他相關人士心中對於各類學生將深刻地烙印上某些特質——高能力、低成就、學習遲緩、優秀、普通等。很明顯地，這些班級或組別在學校中的評價是相當不等的，某些差別待遇或反應，例如，優秀的師資或不認真的教師、豐富的教學資源或貧乏的軟硬體設備、獨特的課程規劃或漫不經心的教學、特別禮遇或歧視的眼光等，這些都無法掩飾能力分班或分組所造成的不公與不義。第三、個別學生將因所處的小組或班級的類型而遭受其他人（包括成人和同儕）加以界定其價值，也就是所謂的「標記作用」（中華民國全國教育會，民82）。換句話說，來自高成就班級的學生將被視為成績好、聰明、靈巧、敏捷等好的形象；反之，在低成就班級的學生則被認為是遲緩、平庸，甚至是粗魯、愚蠢等。第四、基於這些分組或分班決定所導致的學生群體，同時加上教育者對待學生的方式，使得這些青少年在學校的經驗及

待遇差別非常大。

　　如上所述臺灣教育制度下的能力分班或分組已產生很多不良的後果，諸如學生甚至於教師被標籤化，前段班與後段班學生享有差別待遇，後段班學生的自暴自棄等種種怪現象，令人不得不質疑爲什麼國內教育學者與教師卻共同參與這種將人分類的歷程，而這個歷程又會對學生產生與原先期望相反的影響。這有可能是因爲有很多學校措施乃是根源於學校文化傳統而成爲習慣性作法，所以很多學校措施似乎自然地成爲學校運作的一部分。這一現象導致的結果是，一般教育從業人員不太能以批判性的精神去思考學校措施，這並不意謂著他們不曾仔細地思考這些作爲。相反的，他們非常認眞地考慮這些作爲，而沒考慮到其他可能的替代方案。教育從業人員對於一般學校措施的合理性持有很深的信念與假定，這些信念已融入其思考和行爲中，也成爲學校文化的一部分，以至於很少被提出來反省思辨。教育從業人員很少思考一些學校措施從那裡產生？是用來解決那些問題的？也很少以批判性的角度去思考學校措施所持的信念，很少思考學校措施的種種結果。如此非批判性、非反思性的態度，常使得我們的行爲方式非如預期中。換句話說，雖然我們懷抱很好的目標，卻將學生引領向禍害。正因爲按能力區分學童導致許多爭議，因此很容易引起強烈的情緒反應。有些家長認爲自己的孩子是最聰明的，若把他們的孩子編到能力差的班級裡，則會使其學習變慢；很多中學教師視能力分組／分班爲降低學生差異的主要方法，他們強烈地相信學生在與他自己相似的環境中能學得更好，同時他們認爲同質性團體比較容易進行教學。這些不同的觀點都是圍繞著同質性班級／或者是異質性班級對於學生學習的影響，當然，能力編班的影響還可能擴及學生的人格、情緒以及社會發展等方面。

## 肆、能力編班的相關假設

　　能力編班或分組乃是被認為理所當然的學校措施之一，它已深入地影響到國中教學，然而我們卻很少質疑它，而且一直認為這種方式的教學對學生最為有利，因此對於其基本假定與信念也很少置疑。能力編班支持者抱著一些基本的假設。第一個假設是，當學生與功課相近的同學——彼此知道相似的事物、有相似的學習速度及相當的成就水準——被分到同一班級或組別時，則學習得較好。換句話說，若把聰明的學生放置在常態分班的班級裡，則其學習速率會變得遲緩；若把學習速率慢的學生放置在同一個班級裡，則較容易進行補救教學。第二個假設是，若未將學習較遲緩的學生放置在能力比他強的班級裡，則學生較能發展出對自己及對學校的正面態度。也就是說，學習較遲緩的學生若每天和聰明的學生在一起，則會有負面的影響。第三個假設是分班的過程反映學生過去的成就及本來的能力，而且這個分班決定有助於未來的學習。第四、在同質性團體中，教師較容易適應學生的個別差異；換句話說，班級中學生的性質相似則較容易進行教學與管理。

　　上述四項乃是廣獲接納關於能力分班的假設，然而從國外過去六十年來的研究證明，這些假設未必成立 (Oakes, 1985)。而目前國內雖有編班政策執行程度及影響因素的相關研究，卻較缺乏有關不同編班制度的長期性、全面性成效的探究。數以百計的研究已經針對能力分組或分流教育對學生學習的影響進行探究，這些研究檢視不同型式的能力分組，測量不同種類的學習，研究樣本來自不同年齡和年級，研究方法及規模各有不同，當然研究結果多少有些差異。針對第一個假設——學生在同質性團體中學習得較好，然而歸

納研究結果有一個共同的結論是：並未發現任何一組學生持續地從同質性團體中獲益。有些研究甚至發現，學習普通或較慢的學生若被安置在同質性團體中，則有負面的影響。這些有關分流教育與學業成就的研究結果得到與普遍被接納的假設完全相反的結論，使我們有信心相信，若把聰明的學生安置在普通能能分班的班級裡，並不至於延緩他們的學習。正如多元智能理論的體認，異質性團體的合作學習更能激發多元智能的學習（Armstrong, 1994）；正因為在這團體中的成員具有語言、數理──邏輯、空間、肢體──運作、音樂、人際、內省等不同智能取向，所以能提供課程與教學更寬廣的策略運用，使學習更活潑多樣化。同時我們也可相信，即使把學習較遲緩的學生放置在同一個班級裡，也未必會比較容易進行補救教學。在臺灣的國中教育裡，後段班學生普遍上並未受到良好的補救教學。更有甚之，後段班學生受到校方及教師的差別待遇；不僅學習資源貧乏，精神上遭到歧視與放棄，學業成就當然遠落後於前段班學生，同時自我概念與人格也漸形扭曲。這種種現象再度挑戰上述的第一個假設。

第二個假設是一般學生，特別是學習遲緩者，當被安置在同質性團體時，則對個人及學校有較正面的態度。支持分流教育或能力分班者常常認為與聰明的學生在教室內競爭會使學習緩慢者產生挫折感，進而降低自尊，導致破壞性行為，對學校產生疏離感。然而根據這二十多年來的研究證明，事實與假設之間有很大的差距。相當多的研究顯示，分流或能力分班對於後段班學生的自我態度、抱負水準、教育計畫以及行為表現等普遍上具有負面的影響（Oakes, 1985）。分流或能力編班並未能促成後段班學生發展出正面的態度；不但未能使這些青少年對自己感到滿意，反而降低了他們的自尊，更加強負面的自我知覺；這些學生也被其他人視為愚蠢的一群；學生持有較低的抱負水準及對教育計畫有挫折感；較常表現出

不良行為及犯過行為。

　　關於第三個假設認為分流或分班措施是適當的、正確的及公平的。為了探討此議題，須先瞭解分流或分班的標準。目前臺灣的國民中學各校實施上稍有差異，但是大抵上是依據兩項標準：學業成績或智商分數（何福田，民81）。在此我們必須謹慎地抱著質疑的態度：學業成績或智商分數的差異是否可以作為學生分類的適當標準呢？這兩者之一能夠充分反應學生的學習能力與潛能嗎？而精熟學習論常提到一個觀點：在適當的教學情境下，給與學生充分的學習時間，則大部分學生都可以達到精熟。依此論點，為了達成教學目標而將學生分成不同的教學組或班級，難道是教育上不可避免的措施嗎？亦或是癥結點乃在於教師的教學方法之改善？將學生分類之後再施予不同品質的教育，對學生而言是公平的嗎？是否已剝奪學生的平等受教權？這些討論引領我們仔細思考分流或編班過程之合理性與公平性，也同時得到一個結論：我們並沒有充分理由認為分流或能力編班措施是適當的、正確的及公平的。

　　關於第四個假設——在同質性團體中容易進行教學，很多教師都有相當多的經驗告訴他們這一假設是真實無誤的。面對程度相當的學生，教師便不必擔心於設計多樣化的課程與教學，以適應學生的個別差異與管理班級秩序。換言之，透過這種分流或編班措施，增進教師教學準備的方便性。問題是，這種措施是否真正有助於大部分學生的學習？或者僅是有利於少數學生的學習，如所謂「前段班」的學生？依多元智能教學的觀點，所謂「學習」是多樣性的，不是僅偏重在數理、語文方面的學業成就，同時其他方面的學習如音樂、體育、空間藝術、人際關係等各方面都同等重要。也因此，異質性團體的組成才能使學生的多元智能得到最大的啟發，使多元智能教學策略得到更大的發展空間（Gardner, 1983）。

## 伍、混合能力編班

混合能力編班（mixed ability classes）相對於能力編班，也就是所謂的「常態編班」，每個班級的組成反應了全校學生的所有能力範圍；換句話說，編班乃是依在校成績或智力測驗成績的高低順序排列，再依S型分班方式編班。例如，將在校成績或智力測驗成績第一到第六名學生分到一至六班，第七名學生則到第六班，第八名學生到第五班，依此類推。

最簡單的混合能力教學可以是在混合能力班級裡進行教學，舉例如下（Bailey & Bridges, 1983）。第一種是沒有區別的課堂教學。有些教師把應用在同質性小組的教學方式帶入混合能力班級裡，而忽略了這種教學方式、速度及內容很難配合各種不同成就水準的學生。第二種是在混合能力班級裡進行不同能力小組的獨立作業。特別是應用在小學裡，整個班級依能力區分成若干小組，每一小組獨立完成與他們能力水準相當的作業。當時間與資源允許的情況下，需要進行補救教學的小組可以從教師得到特別的協助。第三種是個別化的學習。有些教師認為適應各種個別需要的最佳方法乃是指定個別作業。個別化工作乃是用來適應個別學生的不同需要、能力與成就的個人作業，可以由學生依自己的速度而進行。第四種是協同混合能力小組工作。這種協同乃是基於混合能力分組與協同小組工作的關聯性，而不同能力的學生有不同的工作安排，例如有人寫字，有人繪畫。以上陳述四種混合能力編班的教學策略，其目的只不過是描述在混合能力編班下的各種教學方式，而非意圖指出那一種教學策略是最適合的。混合能力教學首先必須考量到同一年級的每個班級學生涵蓋各種能力層次，其次決定如何教及如何在教

室內組織小組。很多對於混合能力教學感到失望的教師乃是由於只注意到第一點而忽略第二點。雷得等人（Reid et al., 1981）於一九八一年的研究指出，教學方法缺乏彈性乃是影響混合能力教學效果的最大限制；換句話說，雖有混合能力分組卻沒有混合能力教學。這一點正是我國許多中學老師質疑混合能力編班的癥結點，若能明瞭此——爲達教學的成效，應由多樣化的教學著眼，而非必然需要將學生分類以進行教學——便能減少許多反對混合能力編班的聲音了。

## 陸、「同質性」相對於「異質性」團體

當談到「混合能力」時，其實意涵著各種混合。從教育的觀點而言，任何一組學童都是一個混合能力組，這一論點乃是混合能力分組支持者不同於能力編班支持者的地方，反之，能力編班支持者認爲能力分組即是一種同質性團體。一般人常常忽略了到底能力編班或分組眞正達到學生同質性的目的到什麼程度？當我們檢視某一依照智商高低來編班的團體時便會發現，在此一「同質性」團體中的學生在各個學科領域的表現差異很大。或者檢視另一依照學業成就來編班的團體時便會發現，在最高成就的這一團體中的學生，其智商分數的分佈範圍是不小的。不管是依學業成就或者智商分數高低爲依據所形成的「同質性」團體，其成員在很多其他方面的智能表現也是呈現異質性（Oakes, 1985）。依多元智能理論的觀點，人類的智能不止一種，至少有七種之多，即語言、邏輯——數學、音樂、空間、肢體——運作、人際關係及內省智能（Gardner, 1983）。目前的學校用來作爲能力分組依據的紙筆測驗或智力測驗，所著重的僅是語文與邏輯——數理智能，而並未能測驗出所有其他不同類

別的智能 （Gardner, 1983）。幾乎目前所有的測驗都是針對語言及邏輯能力設計，因此有這些技巧的個人很可能在音樂或空間能力的測驗，也有很好的成績，而在語言邏輯方面技巧不佳的人，就會受制於這樣的標準測驗。所以說，能力編班據以判別能力高低的學校成績或智商分數絕不能代表個人的智慧或能力，而問題的癥結出在於一般學校教育把能力的定義，界定得過於狹礙。諷刺的是，很多贊成能力分班的教師總是高估了班級學生的同質性，因而僅花有限的時間在尋求適應學生的個別差異。

　　一般對於各種不同型式的教育組織常抱著既定的假設是，孩童的各種能力呈現常態分配，這種假設提供了學校裡班級的學生分配之基礎。然而這種假設卻受到混合能力分組支持者的挑戰。混合能力教學關心造詣 （attainment） 與潛能 （potential） 的區別。造詣是指可示範的成就 （demonstrableachievement） 或是實現的能力 （realised capacities） ；潛能是指在現今或未來若有較佳的狀況則可以實現的能力。而能力 （ability） 一詞則涵蓋造詣與潛能 （Bailey & Bridges, 1983） 。

　　當然，判斷一個人的潛能是一件困難的工作，但並非是不可能的工作。評估孩子的潛能率涉到比較過去與現在的表現，但不僅限於此，因為單憑這種比較並未能知悉孩子過去和現在的全部表現是相當好或差，因此需要其他的資料以建立孩子潛能的全貌。這包括觀察孩子的表現是否反覆無常、工作的態度和行為、孩子經歷的快樂和挫折及個人的成功或阻礙。而一個孩子現今不能完成某項工作並不意謂著在適當的情境下他仍無法完成此項工作；若是採行能力分組教學之後，教師與學生對於低能力組所抱持的低成就期望，如此不適當的學習情境反而限制孩子發展潛能。我們要問在學校裡所希望學生發展的潛能是什麼？一個低成就孩子的潛能並不必然低於高成就者的潛能，所以學校教育更要激發每個人的特有潛能，真正

顧及個別差異，徹底因材施教。

## 柒、結語

　　臺灣近五十年來的教育是以菁英主義為主流，在升學聯考制度之下，從國民小學的資優班、特殊才藝班，國民中學的能力分班，高級中學及大學各校間的階層化排名，到職業學校與學術取向學校壁壘分明，在在顯示出每位國民所接受到的教育品質與教育機會是不同的。在菁英教育之下，為成就少數的優秀份子而犧牲多數國民的受教權，實在是當今民主社會的不義與不公。國民中學的教育乃是國民基礎教育的一部分，而且憲法上保障國民有接受基礎教育的權利與義務，這種「國民基本受教權」，不可因個人的聰明才智之不同、社經背景不同、性別不同、族群不同、語言不同等因素而有所差別。因此每位學生都應享有均等的教育機會與均等的教育資源。目前能力編班制度乃是學校為了教學方便，為了提高升學率而實施，它是以學業成績或智商分數為依據，如此並未能充分考慮到學生智能全方位的發展，悖離教育上所謂的五育均衡發展。能力編班的本質就是將學生分類，再施以不同品質的教育，教育從業人員對於此編班措施的合理性持有很深的信念與假設，也深刻地融入其思維和教學行為中，成為學校文化的一部分，以至於很少被提出來反省思辨。能力編班支持者未加置疑的相信四項主要假設：

　　1.當學生與功課相近的同學——彼此知道相似的事物、有相似的學習速度及相當的成就水準——被分到同一班級或組別時，則學習得較好。

　　2.若未將學習較遲緩的學生放置在能力比他強的班級裡，則學

生較能發展出對自己及對學校的正面態度。

3.分班的過程反映學生過去的成就及未來的能力,而且這個分班決定有助於未來的學習。

4.在同質性團體中,教師較容易適應學生的個別差異。

雖然國內目前尚無充分的研究來推翻這四項假設,然而從國外過去六十年來的研究證明,這四項假設並未能得到支持,因此我們毫無立場堅持實施能力編班。事實上,不管教師或學生早已切身體會到能力編班下國民中學教育的扭曲:學生被標籤化、考試取向的教學、分數斤斤計較、學習意願低落、學生淪為考試的機器……。且聽聽兩位分別來自後段班與前段班國中生的吶喊:「我們只是比較不會唸書,為什麼要被貼上標籤?學校不實施常態編班,今日你放棄我,明日我就放棄你!二十年後臺灣將成為後段國」(陳曼玲、唐利平,民86)。「前段班的學生每天幾乎都有考試,到了段考前,更是每天要考六、七科,結果成績很好的學生考得都快煩死了,而成績不好的學生,則愈考愈沒信心」(楊惠芳,民86)。

教育從業人員再也不能執迷於能力編班、追求高升學率、放棄後段班學生的這種遊戲了,不應只是把教育愛、有教無類、因材施教、行行出狀元等這些口號掛嘴邊而已。現今即刻需要做的乃是,深切反省當今編班制度的本質與問題,進一步思考如何身體立行,將「教育愛、有教無類、因材施教、行行出狀元等」這些觀念落實於日常的學校政策與教育活動中,如此才是尊重國民平等的受教權與平等的教育機會,回歸到教育之正途。

# 參考文獻

1. 中華民國全國教育會（民82），〈國民學校常態編班的再檢討〉，《教育資料文摘》，32（5），51-69。

2. 中國時報（民86年7月10日），〈民眾對常態編班的看法〉，7版。

3. 陳定南（民86），〈常態編班、能力分科〉，《教育資料文摘》，40（2），29-32。

4. 陳定夷譯，《能力分班教學法》，Robert H. Anderson原著，*Teaching in a world of change.*臺北，正中書局。

5. 何福田（民81），〈國民中學編班之研究（下）〉，《教育資料文摘》，29(2)，141～172。

6. 陳曼玲、唐利平（民86年7月10日），〈後段班學生控訴：校長下22層地獄〉，《中央日報》，3版。

7. 張春興、郭生玉（民73），〈國中編班教學問題之調查研究〉，《臺灣師大教育心理學報》，18，17-36。

8. 馮清皇（民86），〈臺北市國民中學執行編班政策與相關因素之研究〉，國立臺灣師範大學教育研究所碩士論文，未出版。

9. 楊惠芳（民86年7月16日），〈常態編班是為教學正常化〉，《國語日報》，1版。

10. 臺灣省中等學校教師研習會（民80），《國中編班問題探討與其解決方案研究》，臺北，教育部國民教育司。

11. 顏國樑（民86），〈影響執行國民中學常態編班的因素及其因應策略〉，中等教育，48（5），3-12

12. Armstrong, T. (1994). Multiple intelligences in the calssroom. USA. The Association for Super Vision ans Curriculum Development.

13.Bailey, C. & Bridges, D. (1983) . *Mixed ability grouping: A philosophical perspective.* London: George Allen & Unwin.

14.Gardner, H. (1983) . *Frames of mind: The theory of multiple intelligences.* New York: BasicBooks.

15.Sands, M., & Kerry, T. (1982) . *Mixed ability teaching.* London: Croom Helm.

16.Mosteller, F., & Moynihan, D. P. (Eds.) (1972) . *On equality of educational opportunity.* New York: Vintage Books.

17.Oakes, J. (1985) . *Keeping track: How schools structure inequality.* USA: Yale University Press.

18.Reid, M., Clunies-Ross, L., Goocher, B., & Vile, C. (1981) . *Mixed ability teaching: Problems and possibilities.* Windsor: NFER/Nelson.

# 關鍵年代的教育　　比較教育叢書 5

作　　　者／楊國賜等
主　　　編／中國教育學會
出 版 者／揚智文化事業股份有限公司
發 行 人／葉忠賢
總 編 輯／孟樊
執行編輯／鄭美珠
登 記 證／局版北市業字第 1117 號
地　　　址／台北市新生南路三段 88 號 5 樓之 6
電　　　話／(02)2366-0309　2366-0313
傳　　　真／(02)2366-0310
E-mail ／ufx0309@ms13.hinet.net
印　　　刷／偉勵彩色印刷股份有限公司
法律顧問／北辰著作權事務所　蕭雄淋律師
初版一刷／1999 年 1 月
I S B N ／957-8637-79-9
定　　　價／新台幣 200 元
郵政劃撥／14534976

國家圖書館出版品預行編目資料

關鍵年代的教育 ＝ Education in the critical era
／楊國賜等作；中國教育學會主編. --初版.
-- 台北市：揚智文化，1999 [民 88]
面； 公分. -- （比較教育；5）
含參考書目
ISBN 957-8637-79-9（平裝）


1.教育 - 論文，講詞等

520.7                           87016086